名师名校名校长

凝聚名师共识

圆名师关怀

打造名师品牌

培育名师群体

　　　　　张明远题

「新素养·新思辨·新教法」

教学理念下的高中学科教学

实践研究

郑文勇 主编

辽宁大学出版社

·沈阳·

图书在版编目（CIP）数据

"新素养·新思辨·新教法"教学理念下的高中学科教学实践研究/郑文勇主编. --沈阳：辽宁大学出版社，2023.3

（名师名校名校长书系）

ISBN 978-7-5698-1099-8

Ⅰ.①新… Ⅱ.①郑… Ⅲ.①课堂教学－教学研究－高中 Ⅳ.①G632.421

中国国家版本馆 CIP 数据核字（2023）第 024528 号

"新素养·新思辨·新教法"教学理念下的高中学科教学实践研究

"XIN SUYANG·XIN SIBIAN·XIN JIAOFA" JIAOXUE LINIAN XIA DE GAOZHONG XUEKE JIAOXUE SHIJIAN YANJIU

出　版　者：辽宁大学出版社有限责任公司
　　　　　　　（地址：沈阳市皇姑区崇山中路 66 号　　邮政编码：110036）
印　刷　者：沈阳海世达印务有限公司
发　行　者：辽宁大学出版社有限责任公司
幅面尺寸：170mm×240mm
印　　张：16.25
字　　数：250 千字
出版时间：2023 年 3 月第 1 版
印刷时间：2023 年 3 月第 1 次印刷
责任编辑：李珊珊
封面设计：徐澄玥
责任校对：吕　娜

书　　号：ISBN 978-7-5698-1099-8
定　　价：58.00 元

联系电话：024-86864613
邮购热线：024-86830665
网　　址：http://press.lnu.edu.cn

编 委 会

序 言

目前，中国基础教育已全面迈入核心素养的新时代。然而，作为课程改革主阵地的大多数初等、中等教育学校的教学模式依旧停留在"双基"课堂教学时代，教学观念落后，教学手段传统，教学方法单一，机械化、浅层化、碎片化的教学方式占课堂的上风。这背后存在的观念误区是，作为工具、媒介、手段、材料的知识反倒变成了教学的目的，知识被绝对化、神圣化了，教育成了为了知识的教育，而能力和素养反被弱化、边缘化，有知识、没能力、缺素养成为大多数初等、中等教育学校课堂教学的突出问题。

面对核心素养的教学要求，教师们也有很多困惑：从"双基"到"三维目标"再到"核心素养"，知识的地位和作用是否被弱化、被改变？知识难道不是素养吗？学科知识与学科素养有何区别？在课堂教学中如何具体落实"核心素养"？"核心素养导向"的教学基本策略有哪些？多年来，老师们忙于应试教学，在教学管理、课堂教学上都采取了很多急功近利的做法，而且仅从应试结果上看，有的做法是"成功"经验，但这些"成功"经验恰恰掩盖了以上问题的存在，没有很好地解决问题，导致老师们的教育理念落后于时代。这些问题实际上就是知识与素养的关系问题。

针对课堂教学过程中出现的种种问题，本书创造性地提出了以"三新"课堂教学理念为背景的高中学科教学实践研究，顺应了当前我国高中教学方式的变革，让知识本位课堂向素养本位课堂的方向转变。"三新"课堂教学理念作为本书的主体，指的是以"全面发展的人"为核心，以"新素养、新思辨、新教法"为特征，以改变教学策略为参考原则的课堂教学。教育要面向现代化、面向世界、面向未来，在高中学科教学中践行"三新"课堂教学理念，也是实现教育"三个面向"的必然要求。

在推行课堂教学改革实践探索期间，笔者与本校优秀教师们一同围绕"三新"课堂教学理念进行了研究、开发与应用，并撰写了本书。本书一共33篇文章，内容可以分为两大部分。理论篇详尽介绍了"三新"课堂的教学理念，包括其核心、特征、目的等方面；实践篇介绍了如何真正将"三新"课堂教学理念有效落实到高中学科课堂教学过程中，将理论转向实际应用，从而实现知行合一。本书旨在探究出一条认知思维课堂可视化与可操作化的路径，将学生培养成满足时代需求的、"能力+素养"一体化的复合型人才，并为目前的高中课堂教学改革提供一个可行的思路。

本书适合当前正在进行高中学科实践研究的教师、教育领导者们，以及想要了解高中学科实践研究的人群阅读，可以为读者应对课程改革过程中遇到的难题提供可参考的见解。

郑文勇

2022年8月

目 录

理 论 篇

实　践　篇

理论篇

以"三新"课堂促进高中课堂教学方式创新

柳州市柳江中学　郑文勇

2001年从"双基"走向"三维目标",基本标志着新课程改革的启动,实现了课程改革从量变到质变的转变。2016年9月,中国学生发展核心素养总体框架正式发布。它以培养"全面发展的人"为核心,从文化基础、自主发展、社会参与三个方面,凝练出人文底蕴、科学精神、学会学习、健康生活、责任担当、实践创新六大素养。核心素养总体框架的发布,引发了社会的高度关注。2017年,基于学科核心素养的高中新课程标准正式发布,核心素养开始进入课程,走进中小学。

目前,中国基础教育已全面迈入核心素养的新时代。核心素养高于"三维目标",是个体在知识、经济、信息化时代,面对复杂而不确定的情境,综合应用学科的知识、技能与方法来解决现实问题时所表现出来的必备品格与关键能力。显然,"三维目标"是核心素养形成的要素和路径,教学的终极目标是培养学生的能力和品格。基于此教学目标,我校综合课堂教学中存在的短板问题,总结出了"三新"课堂教学策略,以促进学校教学质量的提高。

一、当前我校课堂教学中存在的问题

作为课程改革的主阵地,我校多数课堂教学依旧停留在"双基"课堂教学时代，教学观念落后，教学手段传统，教学方法单一，机械化、浅层化、碎片化的教学方式占课堂的上风，具体表现在如下几方面：

（一）教师方面：知识的浅层面处理

我校教师游离于学科的本质和知识的内核之外，对学科教材的理解和实际教学内容的把控缺乏应有的深度。这主要表现为：偏重知识的表层符号，而不是知识的深层本质；偏重知识本身，而不是知识蕴含的思想方法；偏重知识点的局部，而不是知识的整体结构；偏重知识点的死记硬背，而不是知识的灵活应用。

（二）学生方面：思维的浅层化缺陷

学生思维的浅层化指的是学生的思维没有真正启动，或没有达到应有的高度，还存在以下缺陷：一是依赖性，人云亦云，按部就班，缺乏独立思考能力；二是单一性，思路狭窄，思维不够全面，缺乏辩证思维和立体思维能力；三是无序性，不善于梳理自己所学的知识，呈无序散乱状态，无法建立起完备的知识系统架构；四是浅显性，思维表面化，浅尝辄止，缺乏应有的深度；五是闭塞性，思维迟钝而不敏捷，缺乏发散性，不能触类旁通。

正是我校教师在学科知识理解上的这些不足以及对教学内容的把握不到位的状况，导致了浅显、零散、繁杂和空洞四大突出的课堂学习问题，降低了课堂教学的品质与深度。同时，学生思维存在的缺陷导致其在课堂上采用各种"伪装"方式蒙蔽老师，进而逃避学习。只要存在如此不专注、不思考、不参与的学习态度，核心素养在课堂上的养成就是一句空话。

二、"三新"课堂教学

针对以上课堂教学存在的问题，在推行课堂教学实践与改革的道路上，我校提出以"三新"课堂破解旧课堂，让知识本位课堂转向素养本位课堂。"三新"课堂指以"新素养、新思辨、新教法"为特征的课堂教学。"三新"课堂以"全面发展的人"为核心，以学科核心素养为基本导向，以"深度学习+思辨教学"为教学手段，以转变教学方法为参考原则，旨在探索出一条认知思维课堂可视化与可操作化的路径，将学生培养成全面发展的高素质人才。

（一）聚焦新素养：课堂目标由"育分"向"育人"多维转变

"新素养"：加强学科内容、学科特性、学科教育与核心素养之间的融合协作关系，是培育新时代创新型、应用型人才的主导方向。学科核心素养是学科特性和教育内涵的有机融合，学科核心素养的提出意味着学科教育模式和学习方式的根本变革。那么，如何才能把学科知识转化为学科素养呢？

1. 教师教学层面

（1）教师在课前需要围绕学科特性及育人目标制订教学目标

在制订教学目标时，教师不仅需要关注基础理论知识点本身，还需要注重把情感、态度与价值观融入学科的特点、精神、意义、文化中，并且反映学科之情、之趣、之美、之韵、之神，从而使之与学科特性有机地融为一体。

（2）教师在课中需要依据学科内容及核心素养选择教学内容

教师在课堂授课过程中除了需要授予学生各门学科的基础性知识，如理论概念、重难点及其突破方法之外，还需要从知识点背后蕴含的基本思想、基本经验、基本方法等方面出发，在上课时有意识地使学科内容向核心素养靠拢，将知识点的由来及其在学习与生活中的应用性授予学生。

（3）教师在课后需要按照学科活动设置教学实践

虽然学科知识是学科素养的载体，但其不能直接转化为素养，学科活动才是形成学科素养的有效渠道。因此，教师在课后需要设计并开展教学实践，让学生将课堂上所学到的学科知识应用到实践活动中，使学生进一步获得满足自身发展以及适应社会生存的各项能力。

2. 学生学习层面

（1）学生需要在学习过程中加强学科知识与核心素养的"内化"

学生只有把在课堂上感受到的情感、态度与价值观"内化"为自己的品格，转化为自己的精神世界，使自己成为一个精神丰富的人，这一维度的目标才有终极的意义。同时，学生还需要将在听课过程中收获到的学科知识

"内化"为自己的资源、转化为自己的技能，使自己成为一个有能力的人。

（2）学生需要在教学实践中实现自身能力的"外化"

学生需要将通过"内化"得到的基本知识、基本经验、基本方法、基本价值"外化"到课后的教学实践中。要通过遇到问题、分析问题、探索问题、解决问题，让自己真实地处于对知识点的理解与问题的解决之中，进而真正实现从知识到能力再到素养的全面"外化"发展。

以"新素养"为特征的课堂教学，是从"三维目标"走向"核心素养"的基本导向。教师在设计和开展教学时必须以学科核心素养为导向，充分体现学科的性质和特点，使学科教学过程成为学科核心素养的形成过程。同时，学生需要将课堂上所学到的学科知识内化于心、外化于行。只有这样，才能在新课标背景下，有效实现学科知识向学科素养的转化。

（二）激活新思辨：课堂思维活动由"思考"向"思辨"动态进阶

"新思辨"：深度思考是课堂生成的必备品格。对当前课堂教学状况进行反思，对浅层化教学、深度教学进行辨析，找到破解当前课堂教学滞留在浅层化教学上的新思路。

1. 深度教学的基本特征

首先，要想实现由浅层化教学向深度教学的转变，就要对深度教学有较全面的认识。深度教学有如下几个特征：从学科的角度讲，有深度的教学指的是体现和反映学科本质的教学；从知识的角度讲，有深度的教学指的是超越知识表层结构（即知识的表层意义）而进入深层结构（即知识中的思维方式和价值倾向）的教学；从教师的角度讲，有深度的教学指的是教师对教材钻得深、研得透的教学，只有这样才能做到深入浅出，教到点子上，在此过程中更要引导学生学得深、学得透，即理解深刻、感悟透彻；从学生的角度讲，有深度的教学就是让学生进行深度思维的教学。深度教学的根本目的就是促进学生思维水平的发展。

2. 学科核心素养导向下的深度教学学术思维

在破解我校当前课堂教学的浅层化缺陷，顺应新时代学科核心素养的发展要求的背景下，深度教学是一种有效的课堂教学改革策略。深度教学立足于教师在深度、全面研读学科教材之后，引导学生开展深度学习、发散深度思维及进阶思辨学习，致力于促进课堂教学的发展，逐步形成与学科核心素养有机联结的教与学活动。

（1）教师有深意地"教"

在课堂教学中，教师要有意识地将思辨的高阶思维落实到每一个教学环节的设计上，使教学过程思维可视化和可操作化，从而保证在课堂上有层次、有梯度、有逻辑、有目标地推进学生逻辑性思维、批判性思维、创新性思维的发展。首先，在新课引入部分，教师需要注意创设符合学生生活经验、有引导趋向的案例情境，让学生对所学学科知识点内容更加感同身受，从而激发学生对学科内容的探究兴趣。其次，在课堂教学中的提问环节，教师可以围绕一个有深意的项目主题，引导学生积极开展小组讨论式学习，让学生自主地对问题进行探究和思辨，并鼓励学生对问题进行质疑与批判。在交流互动中，思维得到碰撞与融合，有利于培养学生的逻辑性思维、批判性思维等高阶思维。此外，教师需要将学科知识点与学科核心素养整合起来，设置有意义的课堂知识巩固与提升模块。设计的内容要基于学生已有的知识点，让学生在"知识点熟悉区"与"知识点盲区"之间不断跳跃。在这个过程中，要时刻关注学生的思维发展，有层次、有逻辑地带领学生探究问题、分析问题，从而有效训练学生的思维迁移能力，使学生的思维层次向更深入的方向发展。

（2）学生有深度地"学"

学生是课堂教学的核心主体，在"学"的过程中充分发挥自身的主体性才能实现更有深度的学习。首先，在听课过程中，学生应该主动相信并接纳教师的观点，但遇到与自己想法不符合的情况时应该大胆提出自己的质疑并寻求解答，在此过程中，学生的批判性、逻辑性思维将有所提升。其次，在教师提问时，学生应该围绕问题的核心、知识点的重难点主动配合与响应，积极自主地进行有条理的思辨并与教师进行交流，必要时需要与组内同学进行讨论。在此过程中，每次交流都是思维的激荡，交流越深入，学生的思维感悟就越深刻。此外，课后学生需要对所学知识点进行反思、归纳、总结，只有经过独立的反思与归纳过程，才能将知识点背后蕴含的本质规律"内化"，从而实现逻辑思维的提升。

开展"深度学习+思辨教学" 思路的提出将教师有深意地"教"、学生有深度地"学"有机融合在一起，有效促进了浅层化教学向深度教学的转变、学生思维的深度化、学生能力的提升与学科核心素养的形成，从而实现了以学生素养发展为目标的教学导向。

（三）推行新教法：课堂教学方式由"浅层化"向"深度"转变

"新教法"：基于"新素养"导向的新课堂教学方法。"新教法"能够让课堂从知识本位转向素养本位、浅层化教学转向深度教学，学生则从被动学习转向主动学习、从应试学习转向素养学习。实践证明，评价体系引导、体验式培训、主题研讨活动、开展学生课例展示活动等机制，将有效促进"新教法"的发展。基于以上认识，实现"新素养"导向下的新课堂教学方法需要做到以下几点：

1. 凸显学科本质特性，展示学科独特魅力

学科教学彰显学科本质特性，这本是学科教学的应有之义。但是，由于应试教育的干扰，学科教学容易流于浅层化和同质化，与学科本质渐行渐远。因此，学科教学首先要回归学科，这是学科教学的起点和依据。在教学过程中，对教材的解读也应在学科范围内，不能"耕了别人的田，荒了自己的地"，不能过度模糊学科的界限。在学科教学个性化理念的指导下，教学活动、教学方法的选择与教学场景的设置等都要围绕并服务于特定学科的特点和需要。任何学科都具有自身独特的魅力，教师应该引导学生去发现学科之美，去体会学科的魅力。只有这样，才能培养学生对学科真正的热爱，使学生保持长久的学习动力。

2. 倡导问题导向，设计开放性问题，鼓励批判性思维

第一，基于事实和证据的思维。重证据是学习各门学科知识首先要树立的思维基本点，学科的客观性建立在证据基础之上。

第二，独立思考。所有知识必须经由自己的独立思考而获得、想明白，不盲从、不依赖。

第三，不懈质疑。无论是对别人的观点还是对自己的观点，都要有质疑的意识。

3. 聚焦学科核心知识，设计体验式学习活动

（1）操作式学习

形式是动手操作，不是言语行为或静听、静观、静思。一种是工具性的操作活动，它以物质性的工具作用于实际事物，如制作、实验、劳动、雕塑、绘画和器乐演奏等；另一种是身体器官活动，活动者以自身身体器官的动作为操作对象，如唱歌、跳舞、戏剧表演和各种体育活动等。

（2）项目式学习

以学生为中心及执行项目的一种教学和学习方法。与传统学习方法相比，它能有效提高学生实际思考和解决问题的能力。项目学习的问题来源于实际生活，其产品具有社会应用价值。在项目式学习的过程中，学生要与社区或某种实际生活情境发生接触。

（3）课题式学习

将学习、设计、研究贯穿于课程教学始终的一种教学方法，也是不同于注入式教学的一种新的教学形式。它打破了旧模式下的"满堂灌"和"一言堂"，学生在教师指导下开展学习、研究、讨论和设计，把教、学和做三者有机地结合在一起。

（4）综合实践活动

是一门课程，也是一种学习方式。综合实践活动是基于学生直接经验的课程形态，它与学生的自身生活和社会生活联系密切，体现了对知识的综合运用。

三、总结

本文通过创建"三新"课堂促进我校教学方式的变革，"三新"课堂指的是基于聚焦新素养、激活新思辨、实行新教法的新课堂教学模式。其中，"新素养"是从"三维目标"走向"核心素养"的基本导向。"新思辨"作为课堂生成的必备品格，明确告诉教师"三维目标"的实现与核心素养的养成之间的跳板是什么，从根本上改变了教师的教学观念、教学方法、教学的知识观，完善了学生的学习与思考方式，从而实现有深意的"教"与有深度的"学"。"新教法"是以"新素养"为导向的具体教学策略，它的实行让课堂从知识本位转向素养本位、浅层化教学转向深度教学，学生则从被动学习转向主动学习、从浅层学习转向深度学习。要让"新素养、新思辨、新教法"真真正正地落到实地，让"三新"课堂教学模式真正融入每一节课，渗透到课堂上的每一分钟。

参考文献：

[1] 陈朝晖.学科核心素养导向的中小学课堂教学评价改革 [J].教学与管理，2021（3）：121-124.

[2] 史宁中.推进基于学科核心素养的教学改革 [J].中小学管理，2016（2）：19-21.

[3] 张良.深度教学"深"在哪里？——从知识结构走向知识运用 [J].课程·教材·教法，2019，39（7）：34-39.

[4] 钟启泉.从"知识本位"转向"素养本位"——课程改革的挑战性课题 [J].基础教育课程，2021（11）：4-20.

[5] 李松林.学科核心素养的发展机制与培育路径 [J].福建教育，2018（18）：6.

"三新"背景下的数学教学思考

柳州市柳江中学　钟　宁

通过联合国教科文组织成立70年以来的4份重要报告，分别为：1972年，埃德加·富尔报告《学会生存：教育世界的今天和明天》；1996年，雅克·德洛尔报告《学习：内在的财富》；2015年的《反思教育：向"全球共同利益"的理念转变》；2020年的《学会融入世界：为了未来生存的教育》，我们能从一个宏观的领域感受到教育价值的调整与变化。我们也能从中观领域——从农业时代到工业时代再到信息时代，体验到教育价值调整的生产力发展的背景；更能从贴近我们教育实践的微观领域体验到生产技术的变革带来的教育形态的变化，从学习模式变化到教学方式随之转变，乃至学校形态发生变化。

而我们中国教育的培养目标：

双基目标，1985年起，第一个15年，指向的是知识与技能。

三维目标，2000年起，第二个15年，指向的是知识与技能，过程与方法，情感、态度与价值观。

素养目标，2015年起，第三个15年，指向的是正确的价值观，必备的品格和关键能力，德智体美劳全面发展的人。

2019年6月，国务院办公厅发布的《关于新时代推进普通高中育人方式改革的指导意见》指出，到2022年，德智体美劳全面培养体系进一步完善，立德树人落实机制进一步健全。普通高中新课程新教材全面实施，适应学生全面而有个性发展的教育教学改革深入推进，选课走班教学管理机制基本完善，科学的教育评价和考试招生制度基本建立，师资和办学条件得到有效保障，普通高中多样化有特色发展的格局基本形成。新时代教育带来的是前所未有的变化，所有的东西都在迭代升级，学校也需要升级，从师资力量到教学器材，再到校园环境，都需要做一些改变。

新课标的修订过程，能让我们厘清"三新"之间的逻辑关系：

立德树人—立德树人工程—幼儿园到研究生的课程—高中课程标准修订—学生核心素养—学科核心素养—学科内容标准、学业质量标准—教学评价、考试命题—立德树人。

高中数学课程标准提出的核心素养与基于高考评价体系的数学学科素养有以下对应关系：

数学抽象
逻辑推理 ｝对应着理性思维、数学文化的逻辑思维能力

数学建模
数学运算
直观想象 ｝对应着数学应用、数学探索的运算求解、空间想象、建模创新的能力
数据分析

而我们在聚焦教学管理提质增效方面，也要理解一个框架，即由新教学指向"三新"——新教材、新课程、新高考的一个教学框架。我们可以尝试课标分解、目标导引的措施，进行教—学—评一致性的专业实践，推动课堂教学，推动学习方式的转变。以研究高考作为终点，以研究教材与课标作为内容要求，以研究学情作为对答卷者的检测，并以研究工具提高效益。

教师不能代替学生思维，我们要激活学生思维。而如何让学生思维活

起来呢？学生在教师的引领下积极参与、全身心投入对获得健康发展有意义的主动学习过程就能提升学生的思维能力，而这就是深度学习。在这个过程中，学生在素养导向学习目标的引领下，聚焦引领性学习主题，展开挑战性学习活动，理解知识的本质，体验、掌握学科基本思想与方法，建构学科知识结构，理解并评判学习内容与过程，创造性地解决问题，形成积极的内在学习动机、高级的社会性情感和正确的价值观，成为既有扎实学识基础，又有独立思考能力、善于合作、有社会责任感、有创新精神和实践能力、能够创造美好未来的社会实践的主人。这是一种教学思想和理念，而非模式。

我们可以在教学中思考并尝试：如何凝练引领性的学习主题、如何确定素养导向型的学习目标、如何设计挑战性的学习任务、如何开展持续性学习评价、如何创设开放性的学习环境，以及如何进行反思性的教学改进。

明确四个依据：学科课程标准、学科教材内容、核心素养的进阶发展、学生的学情。做好六个分析：单元学习内容分析、单元学习内容在课程标准中的要求分析、学生的学情分析、单元学习内容的教材对比分析、单元学习的重难点分析、单元学习的教学策略与方法分析。

以三角函数为例，三角函数的教学应发挥单位圆的作用，引导学生结合实际情境，借助单位圆探索三角函数的有关性质。在三角恒等变换的教学中，可以采用不同的方式得到三角恒等变换基本公式；也可以在向量的学习中，引导学生利用向量的数量积推导出两角差的余弦公式。函数应用的教学，要引导学生理解如何用函数描述客观世界事物的变化规律，体会幂函数、指数函数、对数函数、三角函数等函数与现实世界的密切联系。要鼓励学生运用信息技术学习，探索和解决问题，如利用计算机画出幂函数、指数函数、对数函数、三角函数等的图像，探索、比较它们的变化规律，研究函数的性质，求方程的近似解等。

主题目标：

第一，通过梳理具有周期现象的运动，确定研究三角函数的模型，并确定刻画运动变化的基本要素，提升数学建模素养。

第二，通过经历从实际问题到构建数学模型的过程，理解三角函数的概念，提升数学抽象和数学建模素养。

第三，通过对运动中的变化关系的研究，基于三角函数的概念，掌握诱导公式和三角函数的性质，提升直观想象、逻辑推理素养。

第四，通过研究函数的一般思路，绘制正弦函数和余弦函数的图像，由概念和图像进一步体会三角函数的性质，提升直观想象、逻辑推理素养。

第五，通过对"摩天轮"模型中影响运动的参数变化的研究，掌握更为一般的三角函数模型，理解参数对正弦函数图像的影响，提升数学建模、直观想象和逻辑推理素养。

第六，梳理研究正弦函数和余弦函数的过程与方法，并利用其研究正切函数，掌握研究这一类函数的方法，掌握正切函数的性质与图像，提升逻辑推理素养。

第七，利用研究成果，进一步研究其他具有周期特点的运动问题，提升数学建模素养。

挑战性的学习任务：

内容：三角函数的概念、诱导公式、性质图像应用等。

情境：摩天轮。

学生基础：有过研究函数问题的经验，能力较强。

障碍点：寻找恰当的要素刻画函数关系，借助单位圆研究三角函数的诱导公式、性质等。

利用摩天轮建立三角函数模型，通过对模型的研究以及迁移应用，统整整个单元的知识，追踪整个学习过程，其间每个环节都要对学生进行评价。除了教师评价，同学、家长甚至学生本人都可以作为评价者。内容多维：除了培养学生学科核心素养导向、核心知识外，还培养学生的数学思想方法、关键能力、思维品质和学习态度。形式多样：除了常规的作业、书面测验外，还可以采用课堂观察、口头测验、开放式活动中的表现、专题或小课题研究等评价形式。

以学科核心素养为纲，关注学科中的大观念，按学科发展的主线知识链条进行教学，注重知识的承前启后和体系的完整性，避免知识的碎片化，从而给学生整体性的体验，以激发学生学习的兴趣和动力，推动学生的思考能力的发展，让学生逐步形成系统化的知识体系。

参考文献：

[1]章建跃.核心素养立意的高中数学课程教材教法研究［M］.上海：华东师范大学出版社，2021.

基于"三新"品质要求的高中
生物课堂教学探究

——"细胞的分化、衰老及癌变"的教学设计

柳州市柳江中学　曹远卿

北师大肖川教授认为："从学科角度讲，要为素养而教，学科及其教学是为学生素养服务的，而不是为学科而教，把教学局限于狭隘的学科本位中，过分地注重本学科的知识与内容、任务和要求，这样讲十分不利于培养视野开阔、才思敏捷并具有丰富文化素养和哲学气质的人才。"生物学科的教学不仅仅是为了让学生获得生物方面的知识、技能和能力，还指向人的精神、思想情感、思维方式、生活方式和价值观的生成和提升。

一、聚焦生物学科新素养，落实立德树人的育人功能

《普通高中生物学课程标准》指出，生物学学科核心素养是学生在生物学课程学习过程中逐渐发展起来的、在解决真实情景中的实际问题时所表现出来的价值观念、必备品格与关键能力，内容包括生命观念、理性思维、科学探究和社会责任。生物学科学习的基础在于对生命的思考以及正确的理性思维，此外还需要重视学生在科学探索方面的能力和态度，在生物学习的过程中逐渐引导学生树立社会责任感以及爱国意识。

生物学核心素养不是自然形成的，而是以生物知识为载体，教师通过具有针对性的有效课堂教学逐步培育起来的；是学生通过后天学习获得的终身受益的学习成果，也是学生作为公民需具备的基本素养的重要组成部分。

（一）注重理解和提炼生命观念，让学生从生物学思想中受到世界观和人生观的启迪

"生命观念"是指对观察到的生命现象及相互关系或特性进行解释后的抽象，是经过实证后的想法或观点，是能够理解或解释相关事件和现象的品格和能力。它与学生对生命本质的深入理解、对待生命的态度和意识，以及科学的自然观乃至世界观和人生观的形成密切相关。

生物学的育人价值还表现为让学生领悟生物学思想，提升对自然界的认识，深入理解生命本质，形成正确对待生命的态度和意识，科学地获得自然观乃至世界观、人生观。例如，《细胞的生命历程》一章的引言中写道，"细胞的生命历程大都短暂，却对个体的生命有一份贡献"；本章小结中写道，"基于对细胞分化形成的不同组织细胞之间的分工合作、细胞凋亡，对个体有积极意义的理解，类比阐释个人与集体、个人与社会的关系，认同合作与奉献"。在开展教学之前，将胚胎发育的视频播放给学生观看，从而提高学生对生命探索的兴趣。在引起学生的兴趣之后，教师再将同一来源的细胞逐渐产生形态结构、功能特征各不相同的细胞类群的过程这一细胞分化理念引入课堂，学生在学习的过程中自然就能够对生命探索这一生物核心素养产生共鸣。

通过对细胞衰老的概念及特点和凋亡的定义的学习，让学生了解到细胞衰老凋亡是自然界中的普遍现象，有助于学生自主构建起关于细胞生命历程的知识框架，帮助学生形成细胞衰老和死亡是一种自然的生理过程的生命观念，认同细胞会经历增殖、分化、衰老和死亡等生命进程。对细胞癌变知识的学习，有利于学生认识到建立健康生活方式的重要性，懂得如何维护健康，倡导健康生活。

（二）注重引导学生关注科学、科技、社会问题，提升学生的社会担当意识和能力

在教学过程中，注重引导学生关注社会上与生物学有关的议题，指导学生结合具体的知识内容，探讨社会上与生物学有关的议题；注重引导学生关注生物科学技术在生产生活中的应用，指导学生将所学生物学知识和已经掌握的科学思维方法用于指导实践；注重引导学生关注生物科学技术在社会中的应用，并为他们的职业规划提供参考。比如，在"细胞的分化、衰老和癌变"的教学中，从职业描述、就业单位、主要工作、学历要求、必备素质、职业乐趣六个方面入手，全面介绍了病理科医师这一职业，为学生的职业规划提供参考，同时培育了学生的敬业精神。通过介绍骨髓移植技术和中华骨髓库的建立，引导学生认识国家的医药卫生体系工作取得的巨大成就，体会我国正在阔步迈向社会主义现代化强国，激发学生的强国豪情，提升他们的社会责任意识和责任担当。

二、构建问题驱动新思辨，激发高阶思维的深度学习

（一）创设生活化的情境，找到思辨的燃点

在以往的教学中，我们会发现有时教师在课堂上的引导、精神上的鼓励、物质上的奖励等方法措施，都不容易激发学生的自主探究兴趣。要激发学生自主探究的欲望，首要前提是创设生活化的观察情境，快速吸引学生的注意力，有效地激发学生的思辨。

布鲁纳很重视认知结构在教学中的作用，他认为认知结构可以使人超越给定的信息，举一反三，触类旁通。因此，他主张向学生提供具体的东西，以便他们"发现"自己的认知结构。提供能够直观感知的、接近生活的材料，是最容易吸引学生眼球和注意力的，能够点燃他们的思辨欲望。在"细胞的分化、衰老和癌变"的教学中，学习细胞衰老的特点时，提供直观的感知材料，让学生观察同一个人年轻、年迈时的样貌对比图片，要求学生说出人衰老后明显的变化，激发学生思辨的好奇心，使他们用思辨的方式认识衰

老细胞的主要特征。

（二）设置简要连贯的问题情境，挖掘学生思辨的深度和广度

建构主义学习理论认为，以一系列精心设计的类型丰富、质量优良的有效教学问题贯穿教学过程的问题式教学，是一种有利于培养学生解决问题的认知能力与高级思维技能，实现学生对课程内容持久深入理解的现代启发式教学模式。在课堂教学中引导学生思考时，若提到的问题太难，学生难以回答，会造成冷场的现象；若是问题太简单、零碎间断，则会出现提问无效的情况。因此在教学中，"问题"的难度要落脚在学生通过努力可以达到的潜在接受能力上，让学生在学习中有一种成功感。同时，应该设置连贯的思考题，就像高考填空题一样，让学生有整体的思维思辨过程，便于学生构建完整的知识结构网络。教师要创设利于学生思考的问题情境，使其能联系应用前后所学知识，从而促进其思维能力的发展，有效地提高课堂教学的效果。在"细胞的分化、衰老和癌变"的教学中，可设置如下问题。

问题1：细胞衰老是老年特有的现象，对这一说法，你怎么解释？

问题2：正处于青春期的少年是否有细胞衰老现象？如何证明？

问题3：生物的细胞衰老和生物个体的衰老是同步的，你认同这一说法吗？为什么？

问题4：细胞坏死与细胞凋亡的含义相同吗？为什么？

在一系列问题情境中，学生通过积极主动思辨攻克学习上的难题，在心理上享受到学习带来的成就感，从而更乐于参与到学习活动中。

（三）创设良好的思辨式课堂氛围，提升学生的思辨能力

有效开展学科教学活动的关键，是创设良好的思辨式课堂教学氛围。有的学生不习惯在课堂上单独质疑，更乐于在实践中质疑、在小组合作中质疑；有的学生不习惯在作业完成后进行更深层次的思考，更乐于对教师或其他同学的质疑进行追问。教师要关注学生思辨能力的梯度成长实际，循序渐进地培养学生的思辨能力。要结合个人思考和小组合作，创设学生愿意交流的有效表达情境，让学生敢于表达。在以往的课堂中，我们总是习惯于随问随答的模式，没能让学生意识到自己答案的不完整、不规范，而且问题零碎，答完后面的忘记前面的。要给学生独立的思维时间，以便训练个人的思辨能力，但一个人的回答往往比较单调、不全面，导致学生不敢回答。因此，在学生完成独立的问题思辨后，教师可以先给予学生与周边同学交流的思辨时间，然后再将经过初步交流的学生成果进行展示，引导全体同学相互进行思辨分析。通过这样的过程，一方面学生不再害怕个人的学习认知结果会面临"以一敌百"的局面，克服了紧张而无法回答的畏惧心态；另一方面，学生之间的思辨交流更能激活个人思维，从而引发更多的思考和答案。在此过程中，学生动口、动脑的机会增加，自信心和勇气也能增强，还能减少学生对教师的依赖，逐步加强学生自主思辨的意识和习惯，从而使学生更愿意参加思辨过程。因此，创造良好的质疑问难情境，对提高学生的质疑问难能力有重要作用。

（四）注重及时有效的课堂评价，提升学生思辨的实效性

学生的发展离不开教师正确的评价。教师不但要评价学习结果，更为重要的是在学习期间，对学生的体验给予足够的重视，对其感受给予充分的尊重，在学生思辨的时候，科学地进行评价与引导。评价语言需要科学地评价学生在思维方式、创新能力以及学习习惯方面的种种表现。此外，在思维过程中，教师还需要引导学生进行辩论性的反思，对自己在学习中的种种表现进行客观的分析，从而使自己持续提升与强化。同学间也要相互评论，在思辨活动中不断强化自我，实现核心素养下科学学习和发展的目的。

三、创设情境推行新教法，构建多维学法的高效课堂

立德树人、五育并举的关键在于常态课堂，要点在于教师的教学方式。教学方法的恰当选择与发挥，能营造一种轻松自然、生动活泼的课堂氛围，使学生们保持高昂的学习激情、活跃的思维，提高学习能力、高效解决学习问题，从而构建高效的课堂。

苏联教育家A. B. 卢那察尔斯基强调："教学会不会使儿童生厌，会不

会在儿童大脑皮层上一滑而过，几乎不留任何痕迹，或相反地，这种教学作为儿童游戏的一部分而愉快地被接受，与儿童的心理融为一体，变成他的血肉，这都将取决于教的方法如何。"不同的食材要用不同的方式来烹调，才能将其最佳的味道呈现出来。同样地，不同的教学内容也要用不同的教学方式来处理，才能快速高效地完成。如果总是用一种教学方式来呈现教学内容，不仅不能达到学习的最佳效果，更可能让学生产生厌倦感，从而放弃学习。

发展学生核心素养的关键在"做"，要重视真实情境下的探究实践，注意引导学生在实践中体验探究过程，在做中学、做中思、做中悟，从而提升探究能力。

在"细胞的分化、衰老和癌变"的教学中，学习细胞癌变知识时，我们可设置如下认知探究问题。

问题1：生活中，癌细胞让人印象最深的特点是什么？

问题2：当医生经过诊断后怀疑病人某部位有癌变时，为何通常通过观察病人该部位的组织细胞切片就能下定论？

问题3：提到晚期癌症时，为何人们一般都觉得治疗的希望渺茫？

将原本"细胞癌变"的情境编写成题干信息，将所有的问题都变成立体的一个小问，然后引导学生在分析问题的情境中逐步构建知识框架。

"三新"课堂理论指导下高中历史
有效教学的实施

柳州市柳江中学　李仁福

一、"三新课堂"的内在含义

（一）"三新课堂"指以"新素养、新思辨、新教法"为特征的课堂教学

以文化基础、自主发展、社会参与三个方面为基础目标，以人文底蕴、科学精神、学会学习、健康生活、责任担当、实践创新六大素养为课堂落实的总目标，以深度学习+思辨教学为手段。

（二）"三新课堂"所要解决的问题与历史有效教学的一致性

"三新课堂理论"主要解决这三个问题：

第一，理念比较落后，教学理念没有基于学科核心素养进行设计。

第二，模式相对固化，教学环节没有基于逻辑思维进阶开展。

第三，方法缺乏创新，教学方法没有基于五育并举理念优化。

解决的办法主要是聚焦新素养，从更为上位的目标层面对五育并举进行顶层设计；激活新思辨，以更为精练的教学环节对教育内容进行瘦身重组；深化新思辨，以更为系统的结构化知识构建促进思维品质深度发展；推行新教法，以更为先进的教学方式对教育目标进行贯彻落实。而历史课堂的要求与之完全吻合，即利用"三新课堂理论"创造生动、高效历史课堂。

例如，在讲授"九一八事变"时，先播放爱国歌曲，随着音乐的播放，学生慢慢陷入沉思：是什么让东北人民抛开美丽富饶的家乡，离开爹娘四处流浪呢？低沉悲怆的曲调使学生一下子感受到东北沦陷给东北人民带来的灾难。这样一来，在吸引学生注意、激发学习兴趣的同时，又奠定了本课的情感基调。至于"西安事变"，则播放视频资料，使学生感受复杂的国际国内环境和有志之士所面临的艰难抉择，进而使学生认识到伟大的中国共产党把握时代脉搏，从民族大义出发与国民党摒弃前嫌，提出和平解决西安事变这一决策的正确性，从而培养学生的爱国主义情感。所以，运用多种手段使学生更好地体验历史，增强其对历史的学习兴趣，就是"三新"课堂教学法所提倡的教学新方法，是从人的发展角度去讲解历史事件，引起深刻反思。

二、高中历史教学现状

（一）缺少思维性

"满堂问"，以问代讲，课堂看似热闹，学生发言踊跃，实则缺少思维含量，不利于思维能力的深化。问题设置缺少目的性和针对性，学生把握不住思考的方向和问题的角度，答非所问，课堂效率低下，难以启发学生的思维。

（二）教学不深入、脱离实际

教师常常将教学简单理解为字词句等符号形式的教学，而很少深入到知识的逻辑根据、思维方法和深层意义的教学中去。以机械记忆和反复操练为主，缺少深度加工；以复制学习成果为主，难以迁移和深化，脱离实际。

（三）教学方法单一

历史教学局限于课堂，缺乏历史校本课程，历史实践课少，这些将学生生活与历史活动的距离拉远，最终使学生难以理解历史、感悟历史，更谈不上培养家国情怀、立德树人。

出现以上现象的原因主要来自下面几个方面：一是在课改中教师对历史教学的研究不足，备课不充分，没有进行大单元整体摄入，教学思维单一，缺乏理论指导。教师教学死死围绕教材，不厌其烦地告诉学生如何记住考试的重点知识、如何应对各种考试。学生以教师马首是瞻，教师滔滔不绝，学生认真听、拼命记。二是课堂上的创新活动不顾对象，项目设置肤浅、生搬硬套，片面追求热闹，在课堂上阅读、讨论、辩论、观察、分析……学生忙得焦头烂额，一会儿看书、讨论，一会儿表演、辩论，实际上思考的时间很少。三是现代信息技术应用较少，所以感性课堂元素缺乏。四是缺乏专业历史教师，历史任课教师的认知能力、思想觉悟、活动能力参差不齐。

三、"三新课堂"理念下高中历史有效教学的重要实践

（一）打造历史精品课堂，把握课程标准和三维目标

有效教学即符合教学规律、有效果、有效益、有效率的教学，是能促进学生发展的教学。历史有效教学是教师遵循个体发展和历史教学活动的基本规律，促进学生在知识与能力、过程与方法、情感态度与价值观"三维目标"上可持续进步和发展，准确全面地理解教学目标的真正含义，是提高课堂教学有效性的根本保证。要充分围绕主线，依托情感、态度与价值观的坚强基石。在此基础上，教师备课要备学生、备资料、备课本、备教法。

在学校的统筹规划下，历史教研组展开了精品课堂大练兵活动，授课类型分为新授课、复习课、讲评课等。这些课程丰富了教师的教学技能，能够使学生立体式感受学习方法的多元性，促进学生管理学习、管理时间，主动探究学习。

（二）适应新高考，开展大单元教学

历史大单元教学可以更有效地搞活教学改革，提高教学质量。由于大单元教学的方式灵活多样，教师可以在着眼于大单元教学整体目的的前提下，灵活地确定大单元组合的方式。为了确保取得好的教学效果，可以在课标的指导下，确定大单元各部分内容的重点，并采用灵活多样的教学方法，最大限度地发挥大单元教学的优势，进一步搞活教学改革。

教师集体备课，深入理解什么是大单元教学，逐步淘汰旧式思维。通过对比寻找单元内各课时的共同点与不同点，对大单元的整体系统进行认识与

把握。课前课后培养学生举一反三、触类旁通的习惯，提高其自学能力，如在学到中国建设道路的探索时，和苏联建设道路的探索做比较，就会得出结论：中国必须从国情出发，建设中国特色社会主义道路。

综上所述，历史大单元教学在深化教学改革、提高教学质量，特别是在培养学生自主学习能力方面有很大的优势，其意义十分深远。

（三）创设教学情境，打造生动教学课堂

抓住历史教学的重点和难点，创造思维情境，将教学复习的知识以问题组的形式呈现，把解决问题作为课堂教学的重心，以充分调动学生学习的主动性、积极性，激发其学习历史知识的动机和兴趣，使其有效掌握历史知识，发展学生的思维能力和创造能力。

情境教学要注意以导入课、历史视频、演绎历史剧等方式调动学生的学习兴趣。比如历史导入课，它是教学顺畅、持续深化的润滑剂。课堂教学也是一样，需要创设新、活、美、乐、自然的教学情境，激发学生学习的兴趣，拨动其思维之弦，总的原则是要注意启发性、知识性、灵活性、趣味性。让学生以最佳的兴奋状态投入到学习活动中，需要做好成功的导入教学。一个成功的导入，可以马上引起学生的注意力，激发他们的兴趣。

（四）打造历史学科基地，丰富历史活动课，开展历史教具制作大赛，辅助课堂教学

历史教具制作有助于学生感知和理解历史知识，引起学生学习历史的兴趣，提高学习积极性，加深对他们的思想感情的熏陶。通过直观历史活动课，引导学生对历史问题进行分析、综合、对比，发展思维以达到理解知识的目的。

学习历史不仅是单纯地知道历史事件的情况，更重要的是以史为鉴，指导我们今天的行动，树立正确的世界观、人生观和价值观。要了解中国国情，理解并热爱中华民族的优秀文化传统，形成对祖国历史与文化的认同感，初步树立对国家、民族的历史责任感和历史使命感，培养爱国主义情感。

（五）开展历史活动课

学生要践行社会主义核心价值观，树立道路自信、理论自信、制度自信、文化自信的坚定信念和远大目标，培养健全人格，做格局远大的新时代青年。

历史教师应该有意识、有责任地开展爱国主义活动，寓乐其中，立德树人，不仅仅局限于课堂，而是利用春节、清明节、端午节等传统习俗实践理论知识，逐步培养学生形成为祖国的社会主义现代化建设、人类和平与进步事业做贡献的人生理想。学生要形成健全的人格和健康的审美情趣，树立积极进取的人生态度、坚强的意志和团结合作的精神，增强承受挫折、适应生存环境的能力，为树立正确的世界观、人生观和价值观打下良好的基础。

四、"三新课堂"理念下历史有效教学的重要意义

第一，促进教师更新教学理念、充实教育手段，使课堂教学模式更流畅，学生的思维能力得到大幅提升，参与性高，真正做到了教师是主导，学生是主体。

第二，为学校的教学改革提供有力支持，增强学科间的良性竞争，力争把学校打造成科研创新型特色学校。

第三，对于学生而言，激发了学习兴趣，培养了"三新课堂"的学习模式，学生学习进入高阶层次，进行系统的学习，培养了学生独立解决问题的能力。

第四，对于青年教师而言，有了理论的充分保证，教学将游刃有余，直接拔高了教师们的认识高度，有利于青年教师快速成长，向名优课堂进发，向名师进发。

五、对于"三新课堂"教学的反思

要想真正达到素质教育的目标，应从进一步改进课堂教学入手。具体来说：一是教师应留出更多的时间，让学生自己去阅读教材、思考问题，并进

行思辨性的讨论；二是教师讲授的侧重点应从以历史过程为中心转向以历史发展的逻辑联系为中心；三是历史教学要联系实际，要谈古论今，发挥历史的明理、鉴今、育人的作用。总之，要以素养导向为任务驱动，树立正确的课堂管理模式，以知识观为基础，知识观的核心在于知识分类；对于教学方法，要解决教学的解决策略、理论知识与实践知识相容的问题。

参考文献：

［1］魏娅.浅谈新课程背景下高中历史课堂教学中提问的有效性［J］.成功：中下，2017（17）：69.

［2］应玉萍.浅谈有效情境教学在高中历史课堂教学中的创设［J］.成功：中下，2017（6）：213.

指向思维品质培养的高中英语阅读教学探究

柳州市柳江中学　钟少敏

《普通高中英语课程标准（2017年版）》将思维品质列为英语学科四大核心素养之一，证实了在英语教育中培养学生思维能力的重要性。阅读思维品质的培养指的是思维在逻辑性、批判性、创新性等方面所表现出来的能力和水平。思维品质的培养目标是，能辨析语言和文化中的具体现象，梳理、概括信息，构建新概念，分析、推断信息的逻辑关系，正确评判各种思想观点，创造性地表达自己的观点，具备多元思维的意识和创新思维的能力。

在三维目标背景下，高中英语阅读存在浅层化、碎片化、轻思维培养的现象，英语教师们常常将英语教学简单理解为字词句等符号形式的教学。更甚者，教师常常将语言知识作为教学内容的核心，而很少深入到语言知识背后的逻辑根据、语篇知识背后的思维方法和语篇深层意义的挖掘。

浅层阅读把阅读看成是单纯学习语言的活动，以讲解语言知识为主，对学生阅读基本技能的训练不足；浅层次设计阅读活动，以考查细节内容和对语言的浅层理解为主，不强调语境与语篇意识及主体意义上的把握，阅读的过程缺乏对学生预测、分析、对比、质疑、求同、辨异、推理、推断和归纳评价等高阶思维能力的培养，学生在阅读过程中没有形成解码语言的工具——思维与思维的框架。

笔者以人教版Book7 Unit 4 "sharing" 阅读课为例，探究如何有层次性地设计阅读活动，借助思维导图的撰写，渗透语篇知识，指向思维品质培养，发展学生的英语学科核心素养，真正变浅层阅读教学为深度阅读教学。

一、教材内容分析与教学目标的定位

本单元重点话题是帮助弱者、志愿服务、合作共享等。文本内容Reading是一封家书，作者自愿在巴布亚新几内亚的一个小山村教书。在写给Rosemary的信中，作者描述了该村学校的情况及去一学生家做客的经历。该文本属于记叙文，叙事的幅度有时间与空间的变化，移步换景，人物多，名词过多，细节信息零散，且仅从作者本人视角去描写故事情节，没有对故事中人、事、物的关系进行渲染，主题意义的提炼基本没有提及。所以，学生阅读文本时会被细节迷惑，会被字词句的表层意思牵扯精力，对于文本深层意义，即主人公为什么到落后贫穷的巴布亚新几内亚做志愿者以及其意义和影响没有过多地思考。笔者通过课前调查发现，学生阅读能力比较弱，记叙文语篇知识掌握得较少，关键词阅读策略的运用不熟练，需要教师设计层次多样性的活动，初步完成对文本理解的初构、解构与重构的过程，实现学生对文本主题意义的理解（understand the text），同时对语篇意义做出反应（respond to the text），即分析、阐释、评价、判断语篇所传达的信息和表达的意义。在此基础上，学生还要创造语篇（create text），表达自己的思想、经验、情感态度、价值观。所以，本节课的教学目标如下：

At the end of the lesson:

（1）Students are able to get a thorough understanding of the whole story by predicting as well as finding the key words to summarize the main idea.

（2）Students are able to learn to infer the emotion and attitude of Jo towards her job by making a comparison after reading for detailed information.

（3）Students are able to get the structure of the passage by finishing drawing the mind map.

（4）Students are able to get the meaning of sharing by learning about the story of Jo.

二、教学策略与实践

（一）精选图片与问题追问，引入话题

成功的导入环节能使一节阅读课成功开启。读前活动，通过一系列志愿者活动图片和主题意义词汇的呈现，唤起学生的记忆。问题链连续追问引发思考，激发学生对话题的兴趣，使学生熟悉话题，接着引出主人公Jo支教的故事，为开展有效的文本预测以及挖掘深层内涵做铺垫。问题链如下：

（1）Observe the pictures and think, what they are doing?

（2）What is your first impressions about the country Papua New Guinea（PNG）?

（3）Where is Papua New Guinea（PNG）?

（4）Would you like to go there to work as a volunteer teacher?

同时，采用背景知识导入法向学生介绍Jo工作的国家巴布亚新几内亚偏僻的地理位置、落后的经济状况、不便的交通等情况，为下文介绍Jo的高尚品格做好伏笔。

（二）观察语篇外部特征，预测语篇主题

语篇预测是考验学生语篇联想能力的常用策略。本语篇是一封书信，语篇外部特征突显，教师引导学生认真观察以及阅读首段，并注意首段中句与句之间的内在逻辑为因果关系。Para1末句"So I have included some photos which will help you picture the place I talk about"即为统领下文的句子，且句子关键词是place，于是文本的主旨大意呼之欲出，即本文主要谈论主人公Jo工作的学校以及学校的人与家访的事。程晓堂认为利用多模态语篇中的图形或者文本的外部特征能够调动学习者的感官，促进其多元能力的发展。利用文本外部特征以及语篇结构预测语篇的内容，有助于激活学生对意向与图示的阅读能力。

（三）细节信息+关键词梳理，获取文章的主线

从首段关键词place联想到 school以及学校的相关事物：教室、老师、学生。所以，在关键词school（classroom）、teacher、student的指引下，对Para2-3中相关细节信息的快速处理也就水到渠成。细节信息题设计如下：

A. the information about Jo's school

（1）the classroom is made of_____ and_____.

（2）no_____.

（3）no_____.

（4）no_____.

（5）no_____ in the lab.

B. the information about the students

（1）have to_____ up two hours to school.

（2）say a lot of good_____ to me .

（3）have no_____ of doing experiment.

（4）most of them will be going back to their_____ after Year 8 any way.

C.the information about the teacher

（1）Science is the most_____ subject.（But）I have become_____ for my teaching.

（2）To be honest I doubt whether I am making any difference to these boys' lives at all .

在关键词策略指导下阅读，可以有效地分类、梳理和摄取信息。这是一个分析、对比、归纳的过程，所以关键词提取策略是英语阅读教学的高效策

略之一。从第一段关键词摄取，到第二、第三段寻找细节信息的阅读，以提取关键词为依托，设置阅读流程，指引阅读走向，这就是阅读教学设计的一种理想设计策略。在此基础上，在文本Para4-7的处理中，学生自然而然学会利用关键词策略寻找文段的关键词，这是一个循环的阅读设计。此项阅读活动完毕，学生在读中逐渐印证了读前对文本框架结构的预测。文本框架如图1所示（教师板书）：

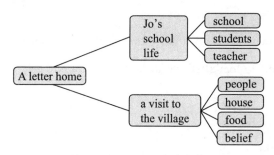

图1　A letter home文本框架

（四）推断性问题的思考，深度把握人物的情感

对于人物情感与态度的理解，当属于深度理解文本中理解与推断的层面，所以本部分笔者采取分段阅读的方法，一小段设置一个问题，引导学生思考与判断。学生带着疑问展开阅读，容易梳理把握关键信息。同时，问题的设置着眼在基于信息推理的逻辑上。问题答案设计形式多样化，不用标准答案限制学生的思维，有利于活跃课堂氛围，培养学生的发散性思维。阅读任务如下：

（1）What do you think of the local people?

A. Rude and poor.

B. Poor and stupid.

C. Friendly and warm-hearted .

D. Generous and helpful.

（2）Can you find some adjectives to describe the house?

_____, _____, _____, _____, _____.

（3）Can you infer what is the villagers' attitude towards the food? Find out the evidence.

A. positive   B. negative   C. disapproval   D. annoyed

（4）Why did Tombe throw out the tin?

A. Because the tin is useless.

B. Because the food is not delicious.

C. Because they have plenty of food.

D. Because they believe that the leftovers attract evil spirits in the night.

（5）How did Jo feel after two days' visit to the village? How do you know that?

A. Jo felt tired but happy.

B. Jo felt tired and sad.

C. Jo felt tired and annoyed.

D. Jo felt horrible and tired.

（五）撰写思维导图，完成文本完全解构

思维导图会促进聚合思维的发展。思维导图是一种思维的可视化工具，能够让学生的知识脉络更加清晰，也能够促进学生思维的聚合，让学生的思维更加有条理、有方向，并以此为基础，全面理解文章的内容和文章深层次的含义以及文章结构的建构。所以，在以上文本框架板书的基础上，笔者引导学生进行思维导图的补充与撰写。撰写完毕后展示与点评存在的问题，在点评过程中，利用对比分析思维，引导学生对比学校学习环境的艰苦和学生的求学态度，关注简陋教学条件和教师从教态度，体会与感受村民住宿环境的简单，了解热情好客的村民和他们和谐的邻里关系等，突出主题意义。经过层层对比与分析，由表及里，学生对文本的理解层面也从"Read under the line"跳跃到"Read between the line and beyond the line"。

思维导图如图2所示：

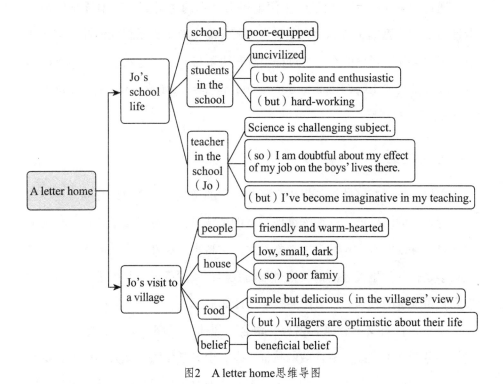

图2　A letter home思维导图

（六）加深主题意义的理解，创构文本

除了语篇的内容与结构，课标还要求学生能够批判性地审视语篇的内容、观点、情感与文体特征。批判性阅读是一种深层次的阅读，要求学生能综合运用各种思维方法，尤其是高级思维，即推断、总结与评判等，实现对阅读材料的深刻理解。通过分析语篇内容，学生以自己的价值观再次审视语篇中的观点。这也是促进学生与语篇进行对话的重要手段，能将传统的被动阅读变为积极的观念建构。

在完成对比性阅读后，教师再适时展开小组讨论与合作活动，提出以下思考问题：①What does Jo share with the villagers? ②What difference will she bring to the villagers，in your opinion? ③If you have the chance to be a volunteer teacher，would you like to go there? Why and why not? List out three reasons and write down a short passage about it with 80 words.

通过读—论—写，启发学生深度思考文本的主题意义，引导学生用发散性与批判性思维思考问题，使学生理解Jo的支教工作不仅能使被分享者获益，事实上分享者也能在分享过程中收获快乐与幸福。这就是"the power of sharing"以及"Gives Rose to others and the lasting fragrance will remain in your hand"的真谛。

三、结语

本校倡导"新素养、新思辨、新教法"的课堂，本文所研究的就是"三新"背景下的深度课堂，而深度课堂有四个特点：①深度教学是走进学生情感和思维深处的教学；②深度教学是触及学科本质和知识内核的教学；③深度教学是打开学生发展内部转换过程的教学；④深度教学是促进学生自主发现和真正理解的教学。本节课的教学设计如下：

第一，针对文本背景、内容、语言、思维、策略与表达，笔者从文本的标题分析文本主线。从体裁的特征出发，引导学生去感受其相应的、特有的篇章结构形式，并加以整理，形成范式。通过引导对比性阅读，帮助学生理解文本的内涵与主题，借助预测情节与文本内容发展，理顺逻辑因果，判断观点和态度，领悟主人公情感变化。此阅读任务走进了学生情感与思维深处，触动了学生的心灵。

第二，从思维发展的角度看，遵循体验—预测主题—关键词把握—细节信息梳理—情感态度推断—文本框架搭建—主题意义挖掘—文本创设的过程。阅读活动设计框架明了、脉络清晰、层次感强，从语言内容到语篇再到主题内涵，一气呵成。整个教学的过程，教师有结构地进行信息的输入，学生也同步进行有结构的输出，从中训练了阐释、分析、推理、评价、自我反思、解决问题等批判性思维，并通过问题与对话合作方式启发学生多角度、有理有据地思考和解决问题，利于创新思维的发展。这既是促进学生自主发现和真正理解的教学，也是开启学生发展内部转换过程的教学。

参考文献：

［1］王蔷.新版课程标准解析与教学指导高中英语［M］.北京：北京师范大学出版社，2019.

［2］程晓堂.核心素养下的英语教学理念与实践［M］.南宁：广西教育出版社，2021.

［3］张成年，金毅，王燕，等.英语阅读教学中的评判性思维：阐释与评鉴［M］.杭州：浙江大学出版社，2015.

［4］刘俊标.高中英语阅读教学中思维品质培养的实践探究——以A Material World为例［J］.海外英语（上），2020（1）：21–22.

［5］邱丽红.高中英语教学中培养学生批判性思维的路径［J］.英语教师，2022，22（8）：54–56.

浅谈"三新"背景下体验式教学在教学中的应用

——以高中思政课《文化生活》为例

柳州市柳江中学　黄芙蓉

新课标强调在高中政治教学中需要注重学生的主体地位，重视对学生核心素养的培养。"新素养、新思辨、新教法"背景下的体验式教学以学生为主体，充分发挥学生的主观能动性，使学生分析问题、解决问题的能力和思维能力得到有效提高。在高中思政课《文化生活》教学中强调依照学生的心理特点创设情境开展教学活动，使学生置身于实践环境中，以其切身的体验产生丰富真切的感性认识，又以情感为动力，将感性认识深化和升华为理性知识。

本文立足"新素养、新思辨、新教法"背景，从体验式教学在高中思政课《文化生活》教学中的特点、应用策略、实践意义等方面展开阐述。

一、体验式教学在高中思政课《文化生活》教学中的特点

以人教版高中政治必修三《文化生活》中的"传统文化的继承"这一框题为例，教材中有传统风俗、传统建筑、传统文艺、传统思想等传统文化形式。我们可以让学生收集春节、端午节、中秋节、四合院、京剧艺术、大同

思想等材料，创设贴近学生生活而又生动活泼的教学情境，并由此设置一系列的体验活动。整个教学活动体现了以下四个特点：

（一）学生学习的主体性

体验式教学要求学生发挥主动学习的精神，对自己的学习负主要责任，真正成为学习进程中的主体。体验式教学采用活动化教学，教师在课堂中构建了互动的师生关系，在倡导交往、互动对话的课堂教学中，教师尊重学生的意见、尊重学生的选择、尊重学生的情感，师生同为课堂教学评价的主体，真正地发挥了学生的主体性。

（二）课堂教学的趣味性

寓教于乐是为了激发学生的学习兴趣，提高其学习的踊跃性。这就要求教师把教授的知识融入能激发学生爱好的教学方式中去，通过调动学生的积极性，将被动学习变成主动把握。体验式教学并非教师单方面制造乐趣，而是学生主动体验到乐趣，学生学得欢乐，才是寓教于乐的真正实现和真实成效。

（三）学习体验的实践性

体验式教学是一种基于学生的基础知识并结合学生生活、学习、社会等环境中紧密联系的主题或问题进行观看、探讨、实践或讨论，通过反思，最后得出他们认同的结论的一种教学方式。体验式教学的整个进程都需要学生切身实践，亲自体验，需要他们进行归纳、总结和反思。

（四）体验活动的情境性

体验式教学是一种情境化教学，强调学生通过实践获得具体的体验，最终在体验中取得知识、运用知识。学生的体验必然是在具体情境中的体验，因此体验学习具有情境性。研究过高考的教师都知道"无情境，不高考"，所以在日常教学中开展体验式教学也是链接高考，为长远发展做准备。

二、体验式教学在高中思政课《文化生活》教学中的应用策略

（一）故事导入式——让学生的思想起波澜

良好的开端是成功的先导，这就要求教师在课堂导入上创设一定的情

境。古今中外有许多丰富多彩、寓意深远的故事和寓言，现实生活中也有大量的正能量故事，若能依据教学内容的意向，充分运用这些有教育意义的寓言故事来创设一定的教学情境，导入新课，则可以使学生的思想起波澜。这不仅能够对学生起到较大的思想教育作用，而且能够显著提高学生的学习兴趣，帮助学生较快地进入课程意境中，提高课堂的教学质量。

体验式教学可以利用名人效应，关注社会热点。高考离不开时政，考点总是围绕社会时政热点展开。名人和社会热点是社会关注的核心，应该成为体验式教学开发利用的宝贵资源。以人教版高中政治必修三《文化生活》的教学为例，在讲述社会主义核心价值观时，教师可以给出大家熟悉的名人或明星在抗震救灾中或抗击新冠疫情中的特写照片，突出他们在抗震救灾中的呐喊和行动，给学生讲解社会主义核心价值观要"内化于心，外化于行"。

（二）自主探究式——让学生的能力得到培养

体验式教学应突出学生的主体地位，没有学生在教学中的积极主动参与，就无法完成教学目标。探究教学就是要引导学生通过自主合作探究的方式体验并建构属于自己的知识经验。教师应根据教学目标和教学内容，紧密联系学生的生活实际，通过设计一定的案例或情境，引导学生参与、分析、讨论等，让学生在具体的问题情境中积极思考。

体验式教学可以以情感为起点。体验的起点是情感，体验的最后归宿也是情感。教师在课堂上进行教学的饱满热情与他把注意力集中到教材本身的论述上面这一点是相联系的，在这种场合，教师必须注意到学生的体验状态，时刻预备调动学生的情感，尽力使学生处于踊跃的状态。在讲述人教版《文化生活》中如何处置经典文化和流行文化的关系时，我们可以用不同的方式给学生不一样的体验。

（三）情感体验式——让学生的情感达到共鸣

我们经常在设计一堂课时特别注意三维目标，其中对学生进行情感、态度、价值观的教育，就可以以感受体验为基础。在体验式课堂教学中，教师创设了一个真实而感人的教学情境，让学生在不知不觉中走入情感世界，打开自己的心扉，达到情感的共鸣，帮助学生更快地进入学科角色，从而提高课堂的教学效率。

例如，在讲《文化生活》中的中华民族精神这一内容时，可以使用四川汶川地震中几位老师舍身忘己保护学生生命，张桂梅为教育事业奉献牺牲，袁隆平为中国、世界粮食发展大业做出贡献，抗击新冠疫情中伟大的逆行者们等例子。学生通过这些例子去感受、去体会伟大的民族精神，体会这些精神是以爱国主义为核心的民族精神和以改革开放为核心的时代精神的具体体现。学生在不知不觉中接受了知识，理解了知识。

（四）角色体验式——让学生体验的热情受到激发

角色体验就是让学生扮演现实生活中的特定角色，通过表演体验自己或角色的心理或行为，进而起到增进认识和培养情感的目的。角色扮演可以激发学生的学习兴趣和参与热情，使其如身临其境，获得真实感受，有助于将枯燥的知识趣味化、抽象的理论具体化。

例如，在讲述《文化生活》中怎样传承和发展中华优秀传统文化时，我们可以让学生针对社会不同职业、不同角色说说自己的看法和做法。如果是政府主体，在文化发展中我们应该怎样做，比如制定相应的法律法规和保护鼓励政策等；如果是企业主体，我们既要讲究社会效益又要讲究经济效益，让文化活起来；如果是文艺工作者，我们要参与社会实践，提升自我认识和感悟，从群众中来到群众中去，为广大人民群众创作；如果是普通公民，我们要坚持权利与义务的统一，保护、传播、弘扬、发展我国优秀的传统文化。

三、体验式教学在高中思政课《文化生活》教学中的实践意义

在《文化生活》教学中开展体验式教学，有如下实践意义：

（一）可以创设情境，引入体验

要使学生产生浓厚的兴趣，激起疑惑，使学生产生探究欲望，从而引出本节课的主题。我们要创设学生熟悉的教学情境，让学生去经历和体验。

这种问题情境是情境创设的一种方式，通过问题鼓励学生多角度、多层次思考，为学生提供展示自己和表达想法的机会，以便相互比较与借鉴。

（二）可以合作探究，分享体验

课堂综合探究活动课是以课堂作为基本活动场所的活动形式，它包括演讲、竞赛、辩论、表演、观看影视录像等。学生有了体验之后，更重要的是让学生与其他体验过相同活动的人分享他们的感受。实践感受是学生对亲历过程进行抽象、概括，从而形成概念或观念的重要过程，通过课堂上的探究活动课，让学生主动分享体验、感受真实。

（三）可以对话交流，深入体验

不同学生对书本知识的理解有深浅之分、宽窄之别，有时甚至存在对错之差。这就要求教师及时点拨和启发，引导学生进行对话交流，从而超越自我的体验与认识，促使自己的体验更趋多元、完善、深刻。在现实教学中我们可以生生交流，也可以师生交流，还可以通过云视频与专家进行交流等，让学生拥有更深刻的体验。

（四）可以从实践中来，到实践中去

学生根据自己在社会实践中获得的信息，通过自己已有的知识和经验，对知识进行主动探索和发现，主动构建自己的知识网络，并由课堂延伸到课外，在社会实践中真真切切地体验。因此，体验式教学在高中政治教学中的作用至关重要。体验式教学的核心是"身临其境，感同身受"。在具体教学中，教师根据学生的认知特点和规律，有针对性地设计符合学生特点、贴近实际、有利于学生联系亲身经历的情境，从而还原教学内容背景，增强学生的形象性认识，充分激发学生的发散性思维能力及学习积极性，使其产生丰富的情感体验，更好地理解教学内容，提高学习效率。我们为了达到既定的教学目标，从教学需要出发，引入创造或创设具体场景或氛围，呈现或再现、还原教学内容，使学生在亲身经历中理解并建构知识、发展机能的一种教学理念和教学形式，也为学生的社会实践提供一定的经验和支撑。

四、结语

在高中政治教学中，我们需要关注学生的主体地位，重视学生能力的发展。《文化生活》体验式教学以人的生命发展为依归，所关心的不仅是人可以经由教学获得多少知识，还在于经由教学彰显和扩展人的生命意义，有利于培养学生健全的人格和健康心理，也利于展示学生的潜能和特长，并加以引导和鼓励，从而培养出具有独创能力的人才。

参考文献：

［1］杨育.高中思想政治课体验式教学的应用探讨［D］.桂林：广西师范大学，2017.

［2］童芳.探究高中思想政治教学中的情感体验式教学模式［J］.课程教育研究，2018（8）：1.

［3］张国媛.体验式教学法在高中思想政治课《经济与社会》中运用研究［J］.科教导刊：电子版（上旬），2021（6）：182-183.

［4］王亚男.高中思想政治课中体验式教学的运用研究［D］.武汉：华中师范大学，2017.

"三新"课堂模型构建高中英语读思课例谈

柳州市柳江中学　赵明翠

一、目前英语学科读思课教学存在的问题

柳江中学自2021年秋季学期的高一年级开始使用新人教版普通高中英语教材。新教材的主要特点是以活动为主要教学途径，强调用语言做事情，有利于培养学生的语言运用能力，以主题为引领，以语篇为依托，突出主题意义探究，强调语言学习和思维能力发展相融合，注重学生思维品质的提升，有机渗透中华优秀传统文化，凸显社会主义核心价值观，帮助学生坚定文化自信，有机渗透学习策略指导，重视培养学生的自主学习能力；采用板块式设计，使教学具有过程性、层次性和灵活性，系统安排基础训练，重视语言、语义、语境、语篇的结合，语言地道真实，内容生动鲜活，话题富有时代感，贴近学生的生活。新教材从内容安排、编排体系到采用的教学方法和活动设计等方面都体现了课程标准规定的课程性质和课程理念，落实立德树人根本任务，发展英语学科核心素养，注重培养具有中国情怀、国际视野和文化沟通能力的社会主义建设者和接班人。我们的旧观念、旧设计、旧教法与新课程、新教材、新高考格格不入。我们的英语阅读教学呈现出浅表化和碎片化等问题，主要体现为教师对阅读语篇的处理太过浅显和粗糙，没能深挖语篇的内涵和价值，对语篇的理解或分析都处于浅层阶段，而没有涉及文本的深入阅读和深度学习，造成了学生在学完一篇文章之后依然缺乏语篇意

识及分析语篇的能力，对类似主题或题材的文本无法做到触类旁通。以往的读思课也许真的"少读而没有真正的思考"，依然停留在对字词句的浅层理解上，阅读教学分散化、碎片化。教师所设计的阅读活动的思维层次较低，往往是基于对文本中事实性信息的获取，缺少深层次的问题，开放性和探究性问题的设计更少，导致学生在英语读思课中思维参与程度不高，也就达不到新课标英语学科核心素养中对学生思维品质的培养要求。

以往我们设计的英语阅读教学活动实施步骤简单化，教师往往将读思课教学分为两个课时：第一个课时为阅读理解，通常分为快读（Fast reading）、细读（Careful reading）和讨论（Discussion）或复述（Retell，通常为语法填空题）三个环节，每个环节设置一些相关的问题，题型通常为问答题、判断题、选择题或者表格填空题。这些环节中的问题通常是比较浅显的细节信息题，或者是简单的推断题、主旨大意题，各环节相对独立，问题与问题之间的关联性、逻辑性不强，学生只获取了一些零散的、碎片化的信息，缺乏文本分析能力，缺乏语篇意识和思维品质的培养，也难以实现知识的迁移和应用。第二课时为语言知识的学习，主要讲授文本中的重点单词、短语或句型，对词汇、句型进行拓展，通过造句或翻译的方法进行词义辨析。这种方法比较机械化，教师常常将被狭隘理解的知识作为教学内容的核心，而对于蕴藏在知识背后的基本经验、基本方法、基本思想和基本价值等更富有教育内涵的学科内容，则要么排除在外，要么一带而过。学生对所学的词汇和句型也难以进行应用，无法将语义与语篇结合起来。因此，我们必须得从深入学习理论开始，到教学实践中不断探索、思考，充分利用新教材的优越性，构建适合我校的英语课堂教学模型，实现英语读思课由浅层学习到深度学习的转变。

二、"三新"课堂模型构建在英语读思课中的应用思考

（一）新素养：从三维目标到学科核心素养目标

《普通高中英语课程标准（2017年版2020年修订）》基本理念的第1条指

出，发展英语学科核心素养，落实立德树人根本任务。近十年来，随着新高考改革的不断推进，高中教育教学改革也不断深化，从三维目标到学科核心素养目标，是一个发展与超越的过程。三维目标与核心素养的关系，不是等距等值的，而是递进式的，两者内核是一致的。学科核心素养并不是对之前三维目标的推倒重建，而是对三维目标的发展和超越，是在充分挖掘各学科课程教学对全面贯彻党的教育方针、落实立德树人根本任务、发展素质教育的独特育人价值后，基于学科本质凝练了本学科的核心素养，是对知识与技能、过程与方法、情感态度与价值观三维目标进行整合。在新课标中，英语学科核心素养目标主要包括语言能力目标、文化意识目标、思维品质目标及学习能力目标。

人教版新教材很好地融入了社会主义核心价值观的基本内容和要求，注重培养学生良好的政治素质、道德品质和健全人格，弘扬中华优秀文化，增强文化自信，引导学生形成正确的世界观、人生观和价值观。例如，新人教版高中英语必修一Unit 4 "Reading and Thinking: The Night the Earth didn't Sleep"，文章描写的是1976年唐山大地震，作者用比喻、拟人、排比、夸张的修辞手法和众多具体数字描述了唐山大地震的惨烈情景及所造成的严重后果，同时用对比和列数据等方法描述了政府和人民在震后对唐山的重建，使唐山恢复生机，焕发出新的活力。学习这篇文章时正值全球新冠疫情野蛮蔓延之际，在Post-reading环节，笔者舍弃了探讨地震前后的自救攻略，因为自救攻略在两个听说课中都有所学习。笔者查阅了当日新冠疫情的最新数据，对比了中、英、美三个国家的新冠感染人数及死亡病例，然后提出探究性和批判性的问题：Why was the rescue work so timely and efficient in China? Can other countries do as well as China? （为什么中国的救援如此及时高效？其他国家能做得和中国一样好吗？）用这两个问题去引导学生积极思考，引出我国坚持中国特色社会主义的道路自信和制度自信，让学生为自己生活在一个幸福的国度而感到自豪，为立国为民感到骄傲。再如，新人教版高中英语必修一Unit 5 "Reading and Thinking: The Chinese Writing System:

Connecting the Past and the Present"，可以很好地弘扬中华优秀文化，增强学生的文化自信。新教材还通过展示多姿多彩的中外文化来培养学生对中华文化的认同和传承，让学生通过分析中外文化的异同，加深对人类优秀文化的学习和鉴赏。

（二）新思辨：从低阶思维到高阶思维

新人教版英语教材读思课中的阅读活动设计更加注重思维品质的培养。因此，教师在实际教学中，要切实转变英语阅读教学的理念，由原来的重语言知识讲授转变为重思维品质的培养，由原来的低阶思维阅读活动晋级到高阶思维活动。例如，新人教版高中英语必修三Unit 1 "Reading and Thinking：Why do we celebrate Festivals？"从呈现不同节日和庆祝活动入手，引导学生思考人们为何要庆祝节日，通过对世界各地的人们庆祝节日的现象进行追根溯源，谈论节日的传承与发展变化，启发学生的深层思考，体会节日文化的内在实质，感悟世界各国人民的精神追求和美好愿望。再如，新人教版高中英语必修三Unit 3 "Reading and Thinking：A Travel Journal about San Francisco"，了解一个具有多元文化特点的城市及其文化多样性变迁的历史及成因。这篇文章恰到好处地把语言学习和文化渗透相结合，帮助学生树立多元文化意识，培养多元思维能力，尤其是逻辑思维、批判思维和创新思维能力。在Post-reading 环节可以设计让学生创造一个新节日的英语学习活动，培养学生的创新思维能力，进一步提升学生分析问题和解决问题的能力。

以往我们的阅读活动形式以回答问题为主，缺乏其他形式的思维性较强的阅读活动，而且问题的设计缺乏深度和层次性，不利于学生高阶思维品质的培养。因此，教师要善于提出从理解到应用、从分析到评价等有层次的问题，引导学生的思维由低阶向高阶稳步发展。

（三）新教法：从浅层学习到深度学习

就英语阅读教学来说，浅层阅读主要体现为对语篇单一层次的阅读，仅仅满足于获取一些事实性信息，如what, when, who, where, why, how

等，而新人教版英语教材的读思课更注重对文本意义的多层次解读。因此，在实际教学中，教师要摆脱固有的阅读教学模式，更新教学方法。第一，教师要改变碎片化的、脱离语境教授知识点的教学方式，让学生认识到学习语言不仅仅是为了高考，更是为了在真实语境中运用所学知识，理解意义，传递信息，表达个人情感和观点，比较和鉴别不同的文化和价值观。第二，教师本人要深入研读语篇，把握主题意义、挖掘文化价值、分析文体特征和语言特点及其主题意义的关联，换句话说就是对语篇的主题、内容、文体结构、语言特点、作者观点进行深入的解读，只有实现教师的深度学习，才能实现学生的深度学习。第三，教师应从语篇的角度和高度来设计阅读教学。阅读理解不能停留在对语篇的浅层理解上，因为语篇不是字词句的随意叠加，而是有意境、有逻辑、有功能、有意义的语言单位，具有衔接性和连贯性的特征。因此，在阅读教学中，教师要引导学生在理解单个句子的基础上关注句际关系、段际关系乃至全文的逻辑关系。第四，教师在阅读教学中应该注重对文本意义的多层次解读。诚然，这对我校的学生来说具有较大的难度。对此，教师在课前一定要指导学生对文本进行充分的预习，通过帮助学生扫清生词障碍、分析长难句、翻译语篇、大声反复诵读等方法，让学生熟悉文本，从而更好地去研读字里行间蕴含的意义，通过厘清文本的各种逻辑关系把握作者的写作思路。第五，由于每个语篇都具有不同层次的意义，尤其是语篇的引申意义，教师需要充分调动学生的背景知识、文化知识、生活经验和逻辑思维能力，以培养学生更高级的阅读能力和更高阶的思维能力。因此，教师在读思课中设计的阅读理解题要有层次性，由浅入深、由易到难，如由字面理解层次到推理性理解层次，由评价性理解层次到欣赏性理解层次。第六，阅读教学的阅读活动形式多样化。教师可以利用多种工具和手段呈现不同的阅读活动形式，如思维导图或信息结构图，引导学生通过自主探究和团队合作相结合的方式，完成对信息的获取与梳理、概括与整合、内化与运用，教会学生在零散的信息和新旧知识之间建立关联，归纳和提炼基于主题的新知识结构。

三、高中英语读思课"三新"课堂模型构建

在建构读思课模型前，教师应该充分理解和领会新课标对英语阅读教学的基本要求。以人教版新教材必修阶段的阅读教学为例，必修阶段的阅读技能包括：从语篇中提取主要信息和观点，理解语篇要义；理解语篇中显性或隐性的逻辑关系；把握语篇中主要事件的来龙去脉；抓住语篇中的关键概念和关键细节；理解书面语篇中标题、小标题、插图的意义；辨认关键字词和概念以迅速查找目标信息；根据语篇标题预测语篇的主题和内容；批判性地审视语篇内容；根据上下文线索或文字信息推断词语的意义；把握语篇的结构以及语言特征；识别书面语篇中常见的指代和衔接关系。

英语读思课框架包括文本理解、文本分析、语言特色及育人价值。其中，文本理解可细分为：标题理解（关键字及标点符号的理解）；文本内容预测（根据标题、小标题及插图预测文本内容）；语篇主旨大意（首段、尾段、概括性主旨大意）；语篇段落大意（主题句、关键句，句际关系及段际关系）；关键词、概念的定义、长难句的分析及理解；获取文本表层信息及挖掘文本深层信息；理解文本中特殊表达的字面意义及引申意义。文本分析包括文本类型分析：记叙文（日记、旅游日志、博客文）、说明文、应用文、论说文等；文本结构分析：总—分、总—分—总、分—总；作者写作思路分析：时间线、空间线、故事线、情感线；语篇的思维逻辑分析：组织文本所使用的因果关系、比较关系、转折关系、并列关系、增补关系等；写作修辞手法分析：比喻、引用、拟人、夸张、排比等；作者的观点、态度、写作意图及价值取向分析。语言特色包括各类文体的语言特色（主要涉及博客文语言特色、日记和旅游日志的语言特色、报告文学的语言特色、说明文的语言特色、议论文的语言特色、论说文的语言特色及新闻报道的语言特色）。育人价值主要包括弘扬社会主义核心价值观，传承优秀中国传统文化，培养学生具有中国情怀、国际视野、世界格局和跨文化沟通能力，培养学生增强道路自信、理论自信、制度自信和文化自信。当然，读思课框架建

构并不是每篇文本都要面面俱到，也没必要面面俱到，而是根据文本类型整合使用。

历史不会止步不前，更不会倒退，新课程、新教材、新高考改革的车轮只会继续向前行驶。我校的"新素养、新思辨、新教法"的"三新"课堂教学实践乘着东风，紧跟时代的步伐，不断进行探索。任何教学理念的引进，都要经过时间和实践的检验，边探索、边整改，才能走出一条适合我们自己的路。

参考文献：

［1］中华人民共和国教育部.普通高中英语课程标准（2017年版2020年修订）［S］.北京：人民教育出版社，2020.

［2］刘道义.谈英语学科素养——思维品质［J］.课程·教材·教法，2018（8）：80-85.

［3］黄国文.语篇分析概要［M］.长沙：湖南教育出版社，1988.

"三新"实施背景下的课堂教学

——例谈高中思想政治课议题式教学

柳州市柳江中学　白潇琦

即便教师将课堂作为传授知识的最主要场所、将教师与学生作为最重要的主体,但对"课堂"的理解有时候仍浮于表面。比如,教师常将教学简单理解为字词句等符号形式的教学,而很少深入到知识的逻辑根据、思维方法和深层意义的教学中;常将被狭隘理解的知识作为教学内容的核心,而对蕴藏于知识背后的基本经验、基本方法、基本思想和基本价值等更富有教育内涵的内容一带而过。学生以机械记忆、复制学习成果和反复操练为主,缺少对知识的深度加工,难以迁移和深化知识。

新高考、新课程、新教材实施后,新课标提出高中思想政治课应"围绕议题,设计活动型学科课程的教学"。因此,本文以新高考、新课程、新教材实施背景下的课堂教学为实施思路,以教学设计反映活动型学科课程为实施内容确定开展活动的议题,通过论述高中思想政治课运用议题式教学法的重要性,以"使市场在资源配置中起决定性作用"一课为例,对这一课堂教学方法试作探讨。

一、高中思想政治课运用议题式教学法的重要性

所谓议题，既包含课程内容，又展示价值判断；既具有开放性、引领性，又体现教学重点、难点。所谓议题式教学，指的是高中思想政治课教师立足于该课程培育学生核心素养的育人目标，根据教学内容、教学重难点，围绕议题设计活动、创设情境，让学生参与其中，交流讨论、发表自己的独特见解，从而让学生在活动参与中领悟课程内容，在解析社会现象的同时加深对国家主流思想的认同，在理性思考的基础上形成正确的价值判断的教学策略。

（一）对落实活动型学科课程有重要作用

传统的思想政治课教学，往往是教师在讲台上滔滔不绝，学生埋头做笔记，对于教师提出的问题，学生自己埋头在书本中找答案，缺乏根据情境与同学交流讨论最后生成知识的过程，导致学生思维存在局限，不利于培养学生合作探讨的能力。根据新课改的要求，重视构建高中思想政治课活动型学科课程是新高考、新课程、新教材改革的趋势，可以让学生主动结合社会经历探究知识生成过程，深化学生理论联系实际的能力，凸显思想政治课的思想指导与价值引领的功能。而活动的展开离不开可供交流探讨、蕴含价值要素的议题。在思想政治课议题教学中，教师呈现议题，为学生提供思考问题的情境和路径，组织学生通过小组合作，或者课下收集资料、课上共同探究等方式，探讨相关议学问题。在讨论中，学生之间进行思维碰撞，能有更多表达和解释的机会。在学生发表见解时，教师进行引导评价，以达成共识，这样既能落实教学内容，又能培养学生的合作意识，推动学生在自主辨析的过程中领悟理论的意义，在正确价值观的体验中逐步内化价值取向。

（二）对培育学生核心素养有重要作用

高中思想政治课课程改革明确指出，从立德树人根本任务出发，培育学生的政治认同、科学精神、法治意识和公共参与等学科核心素养，使其基本形成正确的世界观、人生观和价值观。学生核心素养的培育，需要多种手

段、多样方法、多方力量的相互协调，不仅需要教师在课堂上的讲解，更需要学生动手实践、自主参与体验知识的生成过程。议题教学可以为学生创设问题情境，给学生提供参与实践的机会。比如，在讲授"使市场在资源配置中起决定性作用"时，教师引导学生结合生活实际，以市场上发行的不同类型电影为例，分析出现优劣电影的原因，并就如何建设现代化市场体系为中国电影繁荣发展提出建议。教师引导学生进行辨析，学生在辨析中获得对我国市场经济体制知识的深刻理解，并在分析探讨如何建设现代化市场体系的过程中，不自觉地增强有序参与公共事务、勇于承担社会责任的意识。

二、高中思想政治课运用议题式教学法的课堂实例

（一）依据教学要求，确定教学议题

笔者在设计2019统编版新教材高中政治必修二《经济与社会》第一单元"基本经济制度与经济体制"中的第二课"我国的社会主义市场经济体制"的第一框"使市场在资源配置中起决定性作用"的教学时，改变了传统的教学模式，采用了议题式教学模式。在仔细钻研新课标、认真研读教材和分析学情的基础上，笔者将这节课的教学总议题确定为："从中国电影发展看我国经济体制"，直接指向政治认同、公共参与这两个核心素养目标，同时课堂教学一例到底，以增强课堂的连贯性。这个总议题具有综合性，但比较抽象，因此笔者结合生活实际，以电影《长津湖》的主题曲为导入，以"电影市场繁荣的因素（市场调节）—电影市场烂片横行的原因（市场缺陷）—如何产出优秀电影（市场体系）"为逻辑线索，设置了以下三个子议题。子议题1：市场机制如何配置电影资源？子议题2：中国电影能否全部交给市场？子议题3：怎样的市场体系有利于产出优秀的影片？通过这三个子议题，论证"市场在资源配置中的决定性作用"。这三个子议题让学生通过感知媒体材料形成感性认识，再经过探讨从感性认识上升到理性认识，层层递进、环环相扣、由表及里、由浅入深，不断突破思维障碍，进而升华学科知识，达成培育学科核心素养的目标。

（二）围绕教学议题，创设情境活动

培育学生的思想政治学科核心素养，即政治认同、科学精神、法治意识和公共参与，需要创设整个教学活动的载体——情境活动。教学议题的解决和活动的开展都要在一定的情境中才能进行，在具体真实的情境中解决问题是核心素养教学的本质特征。高中思想政治课教学内容只有与具体真实的情境相结合，才能体现出学科核心素养，反映出学生真实的价值观与态度、能力与素养。围绕教学议题创设的情境活动最好与当前的时政热点相结合，在具体真实的教学情境中，学生参与议题讨论时会有更强的时代感和参与感，学习的积极性和主动性也更容易被激发出来。

在进行"使市场在资源配置中起决定性作用"的教学设计时，笔者围绕三个子议题，创设了以下三个情境活动：

子议题1：市场机制如何配置电影资源？

议学情境：利用多媒体展示图表及文字材料"中国电影市场化后的发展趋势"。

议学活动：探究与分享：根据材料并结合教材第16页，回答问题——"哪些因素使得电影市场一片繁荣？"学生自主学习2分钟，在材料中画出关键信息，用思维导图的形式呈现答案；以4~6人为一个小组展开讨论，用时2分钟，小组发言人负责记录并分享小组成果。

子议题2：中国电影能否全部交给市场？

议学情境：利用多媒体播放视频并展示文字材料"中国电影走入高度同质化时期"。

议学活动：探究与分享：学生凝练视频及材料信息，结合教材第20页，回答问题——"材料体现了市场调节的哪些局限性？有什么危害？"学生自主学习3分钟，在材料中画出关键信息；以4~6人为一个小组展开讨论，用时3分钟，自由发言。

子议题3：怎样的市场体系有利于产出优秀的影片？

议学情境：利用多媒体播放视频并展示文字材料"中国电影发展现状"。

议学活动：探究与分享：引导学生归纳视频及文字材料的有效信息，结合教材第18页，回答问题——"中国电影发展现状对建立市场体系有何启示？"以4~6人小组为单位展开探讨，由小组发言代表记录探讨成果并进行分享。

（三）探究情境活动，升华核心素养

习近平总书记指出，青年处在价值观形成和确立的时期，抓好这一时期的价值观养成十分重要。高中阶段是树立正确世界观、人生观、价值观的关键时期。在高中思想政治课教学中，探究活动是关键，它直接关系到议题式教学能否落实活动型学科课程的主旨。

在进行"使市场在资源配置中起决定性作用"的教学时，笔者让学生以小组合作的形式进行情境探究活动，再交流展示探究活动的成果，以升华核心素养。对于"市场机制如何配置电影资源？"这一子议题，让学生结合中国电影的类型，分析市场调节资源的机制，理解社会主义市场经济体制的含义，增强对我国社会主义市场经济体制的认同感，树立道路自信、理论自信、制度自信和文化自信，达到有效培育学生政治认同素养的目的。让学生通过分析中国电影烂片横行的原因，理解市场调节的局限性及危害，明确建立现代化市场体系有利于市场产出优秀影片，并通过合作探究为此提出建议，达到有效培育学生公共参与素养的目的。

三、结语

新高考、新课程、新教材实施背景下，议题式教学已经走进高中思想政治课堂，成功打破了传统教学模式的弊端，得到了广大思想政治学科教师和学生的好评，被一致认为是提高学生学科核心素养和社会实践能力的好办法。学生通过对议题的思考和讨论，碰撞出思维的火花，有利于培养学生的政治认同、科学精神，提高学生的法治意识，鼓励他们依法有序地参与社会生活，对于实现高中思想政治课的教学功能有重要意义。

参考文献：

[1]王晔.基于学科核心素养的高中思想政治议题式教学——以"伟大的改革开放"为例[J].教学考试，2022（17）：37-38.

[2]白贤.例谈思想政治课教学的议题设计[J].中学政治教学参考，2022（15）：52-54.

[3]茅海强.中职思想政治课体验式教学的组织与实践[J].知识窗（教师版），2022（2）：54-56.

[4]李同.例谈议题式教学的课堂实践[J].思想政治课教学，2018（9）：40-44.

新课程背景下Earth Null School与地理课堂教学的融合应用

——以高中地理"洋流的形成及分布"为例

柳州市柳江中学　梁美容

一、研究背景

（一）新课标的实施要求

《普通高中地理课程标准（2017年版2020年修订）》在课程实施建议中明确指出：借助大数据、人工智能、"互联网+"等信息技术的学习，是面向未来的学习方式之一，为学生提供自主学习和合作学习的开放空间，促进地理学习的拓展和深入。在课标的学业质量4级水平要求中，不但每个水平对信息技术的利用都有具体的要求，而且随着水平的提升，对利用信息技术的能力要求也逐步提高，如从水平1的"借助他人的帮助，能够使用遥感影像等地理信息技术手段和其他地理工具，对地貌、土壤、植被等自然要素和相关自然现象进行初步观察，并设计简单的实验"提升到水平4的"能够与他人合作，设计和实施较复杂的地理模拟实验和考察方案，并独立、熟练地运用地理信息技术分析相关自然地理现象"。因此，在高中地理课堂教学中融入现代信息技术手段，为学生创设自主学习和合作学习的平台，是落实课标要求的重要途径。

（二）突破教学重难点的需要

在高中自然地理教学中，大气的运动、水体的运动等知识，由于具有基础性、联系性、抽象性、运动性等特点，历来是教学的重点和难点。为了让学生深入地理解和应用这些知识，教师们往往采用多种途径进行教学，如PPT图片、Flash动画制作、实物模型等。尽管如此，教学效果仍然难以让人满意，特别是在气压带和风带的形成与移动、气旋和反气旋的形成及对应的天气、洋流的形成及分布规律等方面。学生要完全掌握这部分内容，需要较强的空间想象能力、逻辑推理能力以及语言表达能力。因此，为学生搭建知识构建的"脚手架"，把大气、洋流等真实情境形象、直观、实时、动态地呈现在学生面前，让学生通过身临其境般的观察和体验，探究出大气、洋流等运动的原理和规律，成为突破教学重难点的需求。

（三）信息技术发展的趋势

随着现代信息技术的快速发展，地理教学媒体越来越丰富，如互联网、遥感技术、地理信息系统、全球定位系统以及谷歌地球等。这些媒体的融合应用不但能对学生的学习空间进行拓展和延伸，比如从教室延伸到某一区域甚至是全球，还能实现教学内容的可视化，促进学生探究活动的真正发生，从而更好地助力地理核心素养的培养。因此，根据实际内容选择契合的信息技术"活化"地理课堂，助力学生自主和合作学习，是提升学生学习兴趣、减轻学习负担、增强学习效率的内在需求。

二、Earth Null School的功能概况

Earth Null School，也称全球天气可视化模拟网。该网站由两大部分组成，左下角为操作区，其余部分为展示区。

在操作区（earth），数据的显示既有英文模式又有中文模式，使用者可以根据需要进行灵活转换。在具体的教学操作中，教师首先可以根据需要调用不同的数据类型，如大气、海洋、化学污染物、颗粒物等。其次，教师可以根据不同数据类型的时间分布特点以及典型事件发生的具体时间查看近

10年的任意历史数据。当选择气象数据时，在高度栏还可以进行"地表、1000、850、700、500、250、70、10hpa"等高度的任意切换，这给对不同海拔风向的观察带来了极大的便利。该网站还有一个最为亮眼的功能，那就是可以实现各个图层的叠加，如洋流+风、大气+洋流+水汽含量等。

在展示区，Earth Null School的图像以不同颜色的流线动图的形式呈现风和洋流的流动，加之蓝色地面的衬托，令观看者赏心悦目、兴趣高昂，极大地激发了教师的教学热情以及学生的学习兴趣。最重要的是，点击鼠标可以进行任意的定位和拖动，使得图像既可缩小又可放大，实现了区域任意大小和任意角度的切换自由，对学生的学习来说具有极大的吸引力。

三、Earth Null School在高中地理课堂教学中的适用性

在高中自然地理教学中，可以应用Earth Null School的知识模块主要有三圈环流、季风、气旋与反气旋、锋面与天气、气象灾害、大气污染、洋流、海水的性质、厄尔尼诺与拉尼娜等。具体应用方向见表1。

表1　Earth Null School适用于自然地理教学的案例汇总

适用知识模块	Earth Null School的运用
海陆分布	可用不同模式展示世界海陆分布
三圈环流	展示不同海拔高度的风带分布
季风	展示东亚、南亚、澳大利亚北部等地区任何季节的风向和风速
气旋与反气旋	展示典型的气旋、反气旋运动气流
锋面与天气	展示冷暖气流的交汇状况等
气象灾害	展示某一时间的大气运动状况
大气污染	展示不同区域不同时段CO、CO_2、SO_2、NO_2等的分布情况
洋流	展示全球风向、洋流的分布及流动状况
海水的性质	展示不同海区不同时段的温度值
厄尔尼诺与拉尼娜	展示赤道太平洋海区的海温偏差值及洋流流向

四、Earth Null School在高中地理教学中的融合应用

笔者以"洋流的形成及分布"为例，探讨Earth Null School在高中地理课堂教学中的融合应用途径及作用。

一、教学主题

"洋流的形成及分布"

二、课程标准

运用世界洋流分布图，说明世界洋流的分布规律。

三、教材分析

本节内容选自湘教版（2019）高中地理选择性必修一第四章第二节《洋流》。洋流是本章的重要基础理论内容，对于帮助学生理解自然环境中的物质运动和能量交换具有重要意义。教材分别从洋流的形成、全球洋流模式、洋流对地理环境和人类活动的影响三个层面进行阐述，并借助实例来说明洋流对地理环境和人类活动的影响。关于洋流的形成，教材给出了三个主要原因以及由此产生的三大类型：风海流、密度流、补偿流。关于全球洋流模式，教材以全球风带和洋流模式图为信息载体，引导学生从图中观察、思考洋流分布与全球风带的关系，再结合世界表层洋流的分布图，通过观察总结出世界表层洋流的分布规律。对于洋流对地理环境和人类活动的影响，因高中地理必修一已经有所介绍，这里主要是对高一内容的提升和深化。

四、学情分析

学生经过对高中地理必修一第四章《地球上的水》第二节《海水的性质和运动》的学习，基本掌握了洋流的概念、性质分类以及洋流对地理环境的影响等知识，同时经过对高中地理选择性必修一第三章《大气的运动》的学习，基本掌握了气压带、风带的基本知识，这为全球洋流的形成原因分析打下了良好的知识基础。

五、教学目标

1. 通过实验模拟的方式，让学生观察洋流的形成过程并说明洋流的形成原因，同时提升学生的地理实践水平。

2. 借助世界洋流模式图和分布图，让学生用专业的术语规范描述洋流的分布规律，进而提升学生的综合思维素养。

3. 通过对不同尺度的图像进行辨析，提升学生的区域认知素养。

4. 通过对洋流的形成、分布规律的学习，让学生认识到地理事物的形成和分布具有规律性和联系性，从而帮助学生树立正确的环境观。

六、教学重难点

重点：说明洋流的形成过程以及分布规律。

难点：归纳洋流的分布规律。

七、教学方法

实验探究法、直观教学法、图表绘制法、归纳总结法等。

八、教学内容

（一）情境导入

教师展示材料：

1992年，我国一艘装载有2.9万只塑料小黄鸭的货轮驶往美国，途中在太平洋遭遇强烈风暴，集装箱破裂坠海，小黄鸭散落在海上，形成了漂流的鸭子舰队。其中一万多只小黄鸭漂流多年之后，于2007年抵达英国海岸。

设问：

（1）散落的塑料小黄鸭为什么会漂流？

（2）结合图示说明鸭子舰队抵达英国海岸的路径及原因。

学生分析材料，观察现象，带着疑问展开学习。

设计意图：利用生活中的实际案例，创设有关洋流形成及运动的情境，激发学生学习的兴趣和求知欲，为后面的深入学习创设良好的环境基础。

（二）探究活动一：洋流的形成

教师准备好相关器材，指导学生演示教材第92~93页实验，模拟演示风海流和密度流的形成过程。

学生动手操作并做好观察和记录，同时进行分析和归纳。

教师归纳：洋流的形成原因是多方面的，大气运动和近地面风带是海洋水体运动的主要动力。盛行风吹拂海面，推动海水随风漂流，并使上层海水带动下层海水流动，形成规模庞大的洋流，称为风海流。由于各个海区的水温、盐度不同，海水密度分布不均，引起海水流动而形成的洋流称为密度流。因风力和密度差异而形成的洋流，使出发区的海水减少，相邻海区的海水便流来补充，这样形成的洋流称为补偿流。补偿流有水平的，也有垂直的。垂直补偿又分为上升流和下降流，秘鲁附近的海区就有上升流，如图1所示。

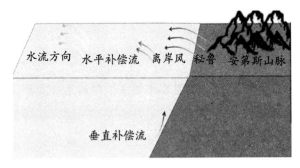

图1 秘鲁附近海区的上升流

设计意图：通过实验揭示地理事物的原理和形成过程，加强学生对知识的深入理解和记忆；通过实验过程中的观察、记录、发现、质疑、探究等学习行动，培养学生的动手实践能力以及求真求实的态度。

为什么会形成上升流呢？现在我们一起来观察Earth Null School网站2021年1月1日海平面风向和海水运动的实际状况。

教师设问：同学们，将同一时间的风向与海水运动方向进行对比分析，你发现图中风向与洋流的流向有什么关系？你能解释其形成过程吗？

学生分析并归纳秘鲁沿岸上升流的形成过程。

设计意图：通过Earth Null School展示秘鲁沿岸真实、动态、直观的风与洋流的图像，让抽象、复杂的地理事物变得形象而具体，这样既能调动学生学习的积极性，又能帮助学生降低学习的难度。

过渡：世界洋流分布广泛，它们的分布是否有规律呢？

（三）探究活动二：全球洋流模式

教师展示图2和图3，并引导学生完成以下学习任务：

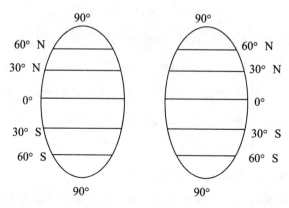

图2　近地面风带分布模式　　图3　世界洋流分布模式

（1）回忆气压带、风带的分布，在"近地面风带分布模式"图中相应的纬度画出风带的位置和风向。

（2）通过小组合作的方式，探究在这些风带的吹拂下海水的流动方向，并在"世界洋流分布模式"图中绘制表层海水流动方向。

（3）各小组派代表展示学习成果。

设计意图：回忆旧知，进一步夯实知识基础。

学生析图、绘图、展示学习成果。

教师纠错、释疑，并引导学生总结出洋流的分布规律及模式图，如图4、图5所示。

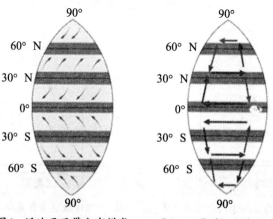

图4　近地面风带分布模式　　图5　世界洋流分布模式

教师纠错、释疑，并引导学生总结出以下规律：

教师展示Earth Null School网站2021年1月1日全球盛行风与洋流的分布状况，同时拖动鼠标变换观察区域（如以太平洋为中心、以大西洋为中心、以南极为中心等），引导学生用网站的真实数据和现象印证上面的推测过程和结果，并在Earth Null School网页上画出洋流的实际流动方向。

设计意图：通过析图、绘图、展示等过程，培养学生的分析、归纳和表达能力，进而提升学生的综合思维素养。

学生用真实情境印证推测过程及结果，并总结洋流的分布规律。

过渡：同学们，世界上绝大多数洋流都会常年稳定地沿着一定的方向流动，但在北印度洋海区，由于季风的影响，洋流的流向具有明显的季节变化。那么，北印度洋海区的洋流流向又有什么特点呢?

教师打开Earth Null School网站，展示2021年1月1日与2021年7月1日北印度洋海区风向与洋流的分布状况，让学生进行观察、探究。

学生进行小组合作，探究北印度洋洋流流向的季节变化并总结规律。

设计意图：通过Earth Null School展示全球或局部区域的风向与洋流的实时、动态分布，为学生搭建知识构建的"脚手架"，加深其对知识的理解和应用，同时培养学生的空间思维能力。

教师总结归纳：在北印度洋海区，冬季盛行东北风，海水向西流，洋流呈逆时针方向流动；夏季盛行西南风，海水向东流，洋流呈顺时针方向流动，如图6、图7所示。

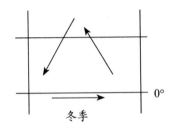

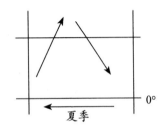

图6　北印度洋海区冬季风向及海水流向　　图7　北印度洋海区夏季风向及海水流向

设计意图：依托Earth Null School网站资源，突破教学难点，帮助学生突破知识构建的"瓶颈"。

（四）探究活动三：解释小黄鸭漂流的原因、方向和路径

教师：引导学生回归学习情境，解释小黄鸭漂流的原因、方向和路径。

学生：分析、总结。

设计意图：回归主题、巩固新知、学以致用。

（五）课堂总结

学生用思维导图对本节课的学习内容进行总结。

设计意图：帮助学生构建知识网络，使其学会从整体的角度掌握知识。

九、板书设计

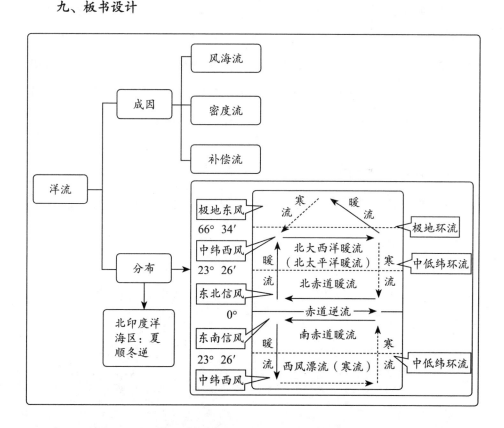

设计意图：对本节课的主干知识进行逻辑性的归纳，让本课知识一目了然，方便学生记忆和理解。

五、结束语

总之，Earth Null School网站既有大气、海洋、化学污染物、颗粒物等丰富的教学资源，又具备动态性、实时性、真实性、直观性等特点，若能恰到好处地将其融入高中地理"三圈环流""季风""气旋与反气旋""气象灾害""大气污染""洋流"等知识模块的教学中，对激发学生学习兴趣、提升地理核心素养、提升地理课堂教学效果均具有极大的作用。

参考文献：

［1］中华人民共和国教育部.普通高中地理课程标准（2017年版2020年修订）［S］.北京：人民教育出版社，2020.

［2］张超伟.信息技术在地理实验教学中的应用研究——以Earth Null School和Marine Traffic两款软件为例［J］.教育与装备研究，2021（12）：74–76.

［3］黄靖.基于地理信息技术的高中自然地理教学设计研究［D］.石家庄：河北师范大学，2021.

以问题为基本点　以展示为提升点

——"随机事件的概率"课例分析

柳州市柳江中学　杨 艺

一、学生发现问题，展示观察能力

（一）创设问题情境，培养问题意识

长期以来，数学教学受传统观念的影响，教师讲、学生听，教师演示、学生看，教师问、学生答，多采取注入式、满堂问、满堂灌的教学方法，教师没有创设问题情境，没有给学生提供质疑机会，没有教给学生质疑方法，学生根本没有问题意识，更谈不上发现问题。

问题意识是指学生在认知活动中遇到疑惑的、难以解决的问题时产生的一种怀疑、困惑、焦虑、探究的心理状态。无论是课堂教学活动中、学校的学习环境中，还是日常家庭生活中，都存在值得研究的数学问题。数学教师要根据学生的年龄及心理特征，创设有趣的、可探索的、与学生生活实际密切联系的现实情境，以问题为教学的出发点，激发学生的好奇心和学习兴趣。

（二）多个角度观察，克服思维惰性

数学知识的形成、发现、运用与发展都离不开观察。多角度观察是克服思维惰性的过程，集中体现了学生的主动探索精神与思维的开放性。在

数学教学过程中，教师要帮助学生把握事物的基本属性，在初步观察的基础上，从数据特征、事物的矛盾、日常生活经验等角度分析观察对象内在的规律性。学生有了较强的观察力，就会获得更多的知识，可以启发学生的求知欲，激发学生认识周围事物的兴趣，促进学生思维的发展。培养学生用数学的眼光去观察实际生活，可以提高学生的思维能力及解决实际问题的能力。

案例1：

一、活动探究：试验、观察和归纳

随机事件的"可能发生也可能不发生"是不是没有任何规律地随意发生呢？

试验：把一枚硬币抛10次，观察其出现的结果，并记录试验结果，填在表1中：

表1　学生抛硬币概率记录表

姓名	试验次数	正面朝上的次数	正面朝上的比例

每个小组把本组同学的试验结果统计一下，填入表2：

表2　小组抛硬币概率记录表

组次	试验总次数	正面朝上的总次数	正面朝上的比例

统计全班的试验结果，填入表3：

表3　班级抛硬币概率记录表

班级	试验总次数	正面朝上的总次数	正面朝上的比例

请各小组根据试验结果，做出条形图。

二、历史上科学家得到的大量试验数据

抛掷硬币试验结果见表4：

表4　科学家抛掷硬币试验结果

抛掷次数n	2048	4040	12000	24000	30000	72088
正面向上次数m	1061	2048	6019	12012	14984	36124
正面向上的频率P	0.5181	0.5069	0.5016	0.5005	0.4995	0.5011

点评：引导学生动手试验，得出试验的数据，观察频率图，看一看由个人到小组、全班再到大量试验频率的变化。学生通过数据特征发现规律，即经过大量试验，发现抛掷一枚硬币正面朝上的频率值稳定于常数0.5。激发学生进一步探究如何描述随机事件发生的可能性。

二、学生提出问题，展示表达能力

高中新《数学课程标准》明确指出："在数学教学中必须充分发挥学生的主体能动性，增强学生的参与、交流、合作意识。"那么，作为在学生进行参与、交流、合作时的思维载体的数学表达就变得非常重要。传统的课堂教学模式——满堂灌，抑制了学生的交流热情和口头表达能力。通过观察发现问题，再由学生组织语言提出问题是培养学生数学表达能力的重要途径。

（一）学生提出问题，愿表达

在传统数学教学过程中，教师提出问题彻底剥夺了学生质疑与表达数学的权利和机会。有时候，学生因提问脱离教师的预设而被教师冷落或批评，这极大地打击了学生表达质疑的意愿，导致许多学生不敢提出问题、不愿表达。这种现象直接影响学生创造性的发挥。因此，尽管学生提出的问题与教师事先考虑的并不完全一致，但学生是学习的主人，教师要鼓励学生积极提出问题，并根据学生提出的问题展开讨论，共同解决。

（二）学生提出问题，会表达

学生愿表达想要提出的问题，是表达能力得以展现的前提，而会表达则

是培养及展现学生表达能力的关键。会表达就是要学生逐步学会抓住知识的要点以及情境中的数学信息，提出富有思考价值的问题。数学教师可以从以下方面引导学生提出问题，从而实现真正的会表达，表达有价值的问题。

第一，会表达在知识的"生长点"处的问题，也就是要在实现从旧知识到新知识的转变中提出问题。

第二，会表达在知识的"结合点"处的问题，也就是要在新旧知识的内在联系上提出问题。

第三，会表达自己不明白、不理解、认识不清楚的问题，只要多问几个为什么就能发现处处有数学问题。

第四，会表达在比较中的"异同点"处的问题，确定它们的异同及其关系的思考方法。

案例2：

通过案例1的试验，学生提出以下问题：

提问1：是不是所有的随机事件频率的稳定值都是0.5？

提问2：随机事件频率的稳定值如何定义？

提问3：为什么要通过大量试验来研究随机事件发生的可能性？

提问4：试验表明，随机事件A在每次试验中是否发生是不能预知的，但是大量重复试验后，随着次数的增加，事件A发生的频率呈现出一定的规律性，这个规律是如何体现出来的呢？

点评：学生通过案例1发现问题，进而提出上述问题，每个问题的表达体现了学生对问题的挖掘情况。学生讨论，教师引导回答：事件A发生的频率总是在某个常数附近摆动，具有一定的稳定性。学生提出问题是一项重要的课程目标，不仅有利于促进学生对数学知识的理解，提高他们的学习兴趣，而且有助于培养与展示学生的表达能力，为其终身学习奠定基础。

三、学生分析问题，展示探究能力

高中新《数学课程标准》明确指出："高中数学课程应力求通过各种不同形式的自主学习、探究活动，让学生体验数学发现和创造的历程，发展他们的创新意识。"学生是学习的主人，教师应突出学生的主体地位，为学生提供充分的自主探索的时间和空间，发展学生的潜力。

（一）独立思考，自主探究

在数学教学中，教师要重视培养学生独立自主地分析问题，在学生初步学会如何思维和掌握了一定的思维方法后，提高学生观察分析、由表及里、由此及彼的认识能力。教师鼓励学生运用已有的知识主动大胆地猜测、推测，用科学方法去探究问题，从不同角度去探究解题思路，引导学生自己获取解决问题的策略和思想方法。

案例3：

请你判断下列事件是随机事件、必然事件，还是不可能事件？

（1）一个袋子中既有黄球，又有白球。摸出一球，摸到黄色球。

（2）一个袋子中只有黄球。摸出一球，摸到黄色球。

（3）一个袋子中只有白球。摸出一球，摸到黄色球。

问题：同样都是摸一个球，为什么结果会不一样？

学生通过独立思考、自主探究得出答案：（1）随机事件；（2）必然事件；（3）不可能事件。三种事件的结果是相对于"一定条件"而言的，当条件改变时，事件的类型也可以发生变化。

点评：上述事件都来源于我们的生活实际，教师可适当改变条件，然后让学生作出判断，从而加强学生对随机事件"在条件S下"的理解。

（二）小组讨论，合作探究

在学生分析问题的过程中，小组讨论能集思广益，既有利于学生的主动参与，又有利于学生之间的多向交流，不仅能使学生学习别人的长处和优点，还能培养学生的团结协作精神。在小组讨论的过程中，教师注重让学生畅所欲言，对他们的回答不做指向性的评价，而让各组相互进行评价、补充，再让全班学生进一步研讨。教师通过问题引导学生进行类比、推广、特殊化等思维活动，促使学生找到探究的问题，形成探究的方法，逐步培养并展示学生合作探究的能力。

案例4：

问题1：在实际问题中，随机事件A发生的概率往往是未知的（如在一定条件下射击命中目标的概率），你如何得到事件A发生的概率？

问题2：随机事件A在重复试验中出现的频率是不是不变的？随机事件A发生的概率是不是不变的？它们之间有什么联系与区别？

点评：各小组讨论，并派代表发言。小组成员之间合作探究，学生思考后回答：通过大量重复试验得到事件A发生的频率的稳定值，即为事件A的概率。频率与概率的联系与区别：联系：随着试验次数的增加，频率会在概率的附近摆动并趋于稳定；在实际问题中，常用接近频率的常数作为概率的估计值。区别：频率本身是随机变化的，具有随机性，在试验前不能确定；概率是一个确定的数，是客观存在的，与试验次数无关。充分发挥学生的主体地位，让学生学会分析问题，体验合作精神。通过教师的补充使学生对概念的理解更透彻。

四、学生解决问题，展示应用能力

"解决问题"是指个体在新的情境下，根据获得的有关知识对发现的新问题采用新的策略寻求问题答案的心理活动，它既是数学教学的目的，又是数学教学的方法与手段。数学学习的最终目的是让学生运用所学的知识去解决生活中的问题，让学生在面对实际问题时，能主动尝试从数学的角度，根据已有的知识经验寻求解决问题的策略，提高学生解决问题的意识与能力。其中，最有效的方法是让学生有机会亲身实践。在教学中，教师应该结合教学内容，设计现实的、富有挑战性的问题，让学生寻求解决方案，从而展现学生应用数学知识解决问题的能力。

案例5：

某教授为了测试贫困地区和发达地区的同龄儿童的智力，出了10道智力题，每道题10分，然后作出了统计，统计结果见表5、表6：

表5 贫困地区智力题得分分析表

参加测试的人数	30	50	100	200	500	800
得60分以上的人数	16	27	52	104	256	402
得60分以上的频率	0.533	0.540	0.520	0.520	0.512	0.503

表6 发达地区智力题得分分析表

参加测试的人数	30	50	100	200	500	800
得60分以上的人数	17	29	56	111	276	440
得60分以上的频率	0.567	0.580	0.560	0.555	0.552	0.550

请问两个地区参加测试的儿童得60分以上的概率分别是多少？

两地区参加测试的儿童得60分以上的概率分别为0.503和0.550。

案例分析：各小组成员试一试，分析贫富差距为什么会带来智力的差别。

结论：经济上的贫困导致该地区生活水平落后，儿童的健康和智力发育会受到一定的影响；经济落后也会使教育事业发展落后，导致智力上出现差别。

点评：在解决问题的过程中，学生充分体会到数学的应用价值，进一步培养了学生应用数学的意识和综合应用数学知识解决问题的能力。

五、结束语

在不断提出问题、探索问题、解决问题的螺旋上升过程中，学生通过自主尝试、质疑交流、反思评价等活动，经历了将实际问题提炼为生活模型并进行解释与应用的过程，初步获得了发现问题、提出问题、分析问题、解决问题的能力。教师在数学课堂教学中突出以学生为主体，让学生清楚地用语言表达数学的解题程序，有条理地叙述解题的思考过程，从而提高学生的说理能力，让学生掌握综合思维能力。学生以问题为基本点，引发思维的碰撞，把问题的建构变为一种互动学习的过程，在参与这种互动学习的过程中，学生的思维被真正激活，能力得到培养。学生通过展示交流，巩固知识、形成正确认知、发展创新思维，在展示中培养能力。

参考文献：

[1] 王善芹. 初中化学教学要培养学生提出问题和表述问题的能力 [J]. 考试周刊，2011（83）：194.

[2] 苗修亮. 对任务驱动型高中数学课堂教学中学生学习成果展示的思考 [J]. 学园，2014（4）：149.

[3] 许波建. 浅谈学习成果展示中的问题和展示策略 [J]. 网友世界·云教育，2013（12）：50–51.

走进新课程，感受新理念

——高中数学新课程教学中的反思

柳州市柳江实验高中　郑文勇名师工作室　薛　苗

一、教育要为学生一生的发展服务

教育的归宿是学科还是人，反映了两种不同的教育价值观。过分强调学科的独立性和重要性，而忽视作为教育对象的学生的教育观，从根本上背离了基础教育的本质和使命。因此，关注每一位学生，让学生在习得知识的同时，人格不断健全，道德不断发展，让学生成为一个有爱心、有责任感、有教养的人，已成为基础教育不能偏离的方向和新的数学课程改革面临的使命。这与我校大力推广的驾驭式自主高效课堂模式不谋而合。

（一）让学生学会学习

根据新数学的特点，笔者尝试在引入新课之前让学生阅读教材并提出问题，如讲角的概念的推广时，让学生计算在7时和8时之间时针和分针重合的时刻应该是7点多少分，得出的结果是7点38分；笔者又问晚上此时中央电视台播放什么节目，同学们说是《焦点访谈》；笔者继续问谁能说说把这档节目放在这一时间播放的寓意，同学们都很活跃，说用时针和分针的重合来比喻生活中的焦点，真是太妙了，让人深思。这样做给本来很枯燥的角度概念课吹进了一股清风。在平时的课堂上，笔者推导完公式定理之后，常让学生归纳方法思路，每章结束之后又让学生思考如何将这些知识进行拓展和延伸，并让他们结合实际撰写小论文。这样做效果很好，调动了学生主动参与的积极性。所以，教师应改变传统的教学观念，让学生在主动参与中学会学习。

（二）让学生参与驾驭式自主高效课堂

驾驭式自主高效课堂模式是应该倡导的一种教学模式，是一种以激发学生学习兴趣、调动积极思维为目的的教学手段。实践表明，单纯靠灌输传授是不能使学生真正学到有实际意义和有价值的知识的，数学学习应该是在教师的指导下，学生积极参与、主动探究、师生互动的过程。例如"线性规划"，它对解决生产和生活中的最值问题有很大的作用，为此笔者让学生进行社会调查，寻找素材，编制应用题，然后师生共同完成。这样做学生兴趣很高，由于有了亲身经历，学得较扎实。

（三）让学生体验在生活中做数学

数学知识的高度抽象性使人们忽视了它来源于生产生活实践的事实。在以往的数学教材中，教学基本远离生活，用公理化体系支撑的知识结构很大程度上是为训练人们的思维、培养人们的逻辑习惯而服务的，这样容易导致教学内容枯燥，使学生对数学缺乏兴趣。数学应正本清源，数学教学的触角应伸向生活和社会实践。例如，在"数列"教学中，提出问题："某银行设立了教育助学贷款，规定一年期以上贷款月均等额还本付息（复利计算）。如果贷款10000元，两年还清，月利率为0.4575%，那么每月应付多少钱呢？"笔者的教学过程如下：

一、问题情境

假设你从银行贷款10000元，十个月还清，每月还1000元，哪方吃亏？若月息为1%，10000元贷款还清时产生的本息和为多少？每月还10000$(1+1\%)^{10}/10$，哪方吃亏？

二、教学过程

生：分小组讨论完成上述问题（为解决教材问题做铺垫）；

生：单独或分组完成教材上的两张表格；

师：启发学生：各期还款之和等于贷款的本息和。

生：根据问题情境得到等式：

$$10000 \times (1+0.4575\%)^{24}=x+x(1+0.4575\%)+x(1+0.4575\%)^2+\cdots+x(1+0.4575\%)^{23}$$

其中x为分期付款每期所付金额。

生甲：老师，不对！（激动地）

师：不着急，讲一下你的看法。

生甲：第一个月还的x元，我认为已经含有利息了，不能用$x(1+0.4575\%)^{23}$，应该是$10000 \times (1+0.4575\%)^{24}=x+x+\cdots+x=24x$

（此时，同学们针对这种意见议论起来，有赞成的，也有反对的）

师：甲同学对x有不同理解，大家认为呢？

生1：x是分期付款所付金额，它不含利息。

师：等式表示什么？

生2：左边是贷款本息和，右边是各期还款之和。

师：为什么右边的x要乘以$(1+0.4575\%)^i$呢？

生3：每期付款到结清时都会产生利息。

（通过循序渐进的提问，大部分同学已理解等式）

师：甲同学，你弄懂了吗？

生甲：我清楚了，不过两边都不算利息不行吗？不也公平吗？（不甘心地）

生：（大笑，议论开来）

（笔者也一愣，以前没考虑这种解法，只有临场发挥）

师：可以不算利息吗？

生：怎么可能？肯定有利息啊！

师：如果都不算利息，对双方是公平的。

生4：那就只用还10000喽！

生5：可事实上贷款是要还利息的啊！（得意地）

生甲：那就当成是比x少一点，加上利息才得x元！

（至此，问题逐渐明朗起来，笔者让学生思考别的列法）

生乙：（兴奋地）

$$10000=\frac{x}{1+0.4575\%}+\frac{x}{(1+0.4575\%)^2}+\cdots+\frac{x}{(1+0.4575\%)^{24}}$$

师：你是怎么想的？

生乙：设第1期还x元，折合成贷款金额，则$a_1(1+0.4575\%)=x$

所以第1期实还贷款金额$a_1=\dfrac{x}{1+0.4575\%}$

同理，第i期实还贷款金额$a_i=\dfrac{x}{(1+0.4575\%)^i}$（$i\leq24$，$i\in N\star$）

于是$10000=a_1+a_2+\cdots+a_{24}$，即上式。

生：（若有所思）对哦，两个等式是等价的啊！

（同学们胜利了，大家都很高兴）

小结： 这两种方法从不同角度展开，法1将各期付款折合成结清时的金额考虑；法2将各期付款折合成贷款时的金额考虑。在复利计算前提下，两种做法都对！这种以现实问题为中心的开放式教学，促成了师生互动，有利于教学相长，将书本知识和生活实际紧密地结合起来，为数学真正服务于生活开辟了一个窗口。

二、教师应向多重角色转化

新课程要求教师站在学生的立场上反思自己的教学行为，教师也是学习者；通过切实可行的解题训练来提高学生的数学素养，教师又要成为教练员；教师要站在教材编著者的立场上纵观教材，针对学生实际和教学要求，对教材内容进行重组加工，教师也是编著者。

（一）教师要当好学习者

"以人为本"是现代教育观的核心，教学的目标指向是学习者的发展，要想教好学生就得站在学习者的立场来体验学习，读懂学生比读懂教材更重要。因此，对于教师来讲，不仅要有扎实的专业功底，还要熟悉现代教育学、心理学的一些基本原理，知晓学生在学习中会有哪些认知偏差和心理障碍。正如季平在《研究学生，不断改造课程和教育者自身》一文中所说："教师要善于了解学生与研究学生。"数学教学的成功并不在于学生能完成多少课本或参考资料中的难题，而在于能提出一些有独创性的问题，以及问题解决后的再提问、再发现。在"圆锥曲线"的教学中，有学生提出将到两定点的距离和、差为定值改为到一个定点和一条定直线，那么其图形是什么呢？有些学生还提出将定点和定直线改换成其他的几何元素，又会得到什么样的曲线呢？笔者告诉他们，有些问题用高等数学知识才能解决，对于这些问题笔者暂时无法回答。在当今这个信息社会中，学生能通过各种途径获取知识，教师被学生问住是一件好事。在教学中，我们要创设条件让学生主动提问，形成教师与学生共同探究的教学氛围。

（二）教师应当好教练员

数学教师应善于充当教练员的角色，让学生在问题的解决中真正学会数学。要引导学生发现问题、分析问题、解决问题，通过解题中的思维训练来体现数学教学的严谨性和逻辑性。新数学在习题的选配上有一定的层次性，使各类学生都有提高的机会，给教学带来了很大的便利。教好数学，"教、学、练"三个基本环节是不可偏废的，特别是在练的过程中，应淡化形式、讲究实效，并通过练习及时捕捉有用信息，不搞"题海战术"。

（三）教师应是教材的编著者

新的数学课程倡导民主、开放、科学的课程理念，要求课程必须与教学相互整合，教师必须在课程中发挥主体作用，所以教师理应成为教材的编著者。教师可根据学生的实际情况和大纲的要求，合理选取和重组教学内容，以满足学生自主学习的需要。例如三角函数中的"诱导公式"，教材是分开进行讲解的，但笔者在教学中做了一些调整，先把这些公式都教给学生，让他们在使用中掌握巩固，这样教学效果很好。当然，自由地选取和编排，并不意味着教师可以随意地增删教材的有关内容，而是在全面把握编著者意图的基础上进行创造性的运用，既忠于"原著"又不拘泥于"原著"。

三、新数学课程教学中必须加强创造能力的培养

课程设置注重学生对社会的适应性，将培养学生的创新精神和实践能力摆到突出地位。田慧生在《由传统教研转向现代教研》中指出，为了加强创新意识的培养，加强"综合实践活动"课，每个学期至少增设一个"研究性课题"；为了提高解决实际问题的能力，在教学内容的选择上更加贴近生活实际和生产实际，安排了"实习作业"，为培养创新意识和实践能力提供了重要方式和途径。那么，我们如何在数学教学中加强创新能力的培养呢？

（一）培养学生的创新意识

数学上每一个概念的引入都是由于生产实际需要或研究某些问题的需要而产生的，一些重要定理的证明往往也体现了一些新的思路或新的方法，也就是在当时研究某些问题时有所创新方能突破。因此，重视知识发生过程的教学就是让学生不断感受到随着生产、生活实际的需要，科学研究等方面的需要会不断出现新问题，要想解决这些问题，我们就要在不断总结前人经验的基础上，勇于探索、勇于创新。这对于培养学生的创新意识来说无疑是十分重要的。

（二）培养学生的创新精神

在教学中，努力创设情境，使学生积极主动地投身于教学过程中是十分重要的。例如，在教某些定义时，教师可以根据已有的知识及要解决的问题，让学生自己去建立新概念，然后再和课本进行对照，比较所写出的概念、定义是否比课本上给出的还要好，好在哪里。若学生感觉自己写的概念、定义没有课本上好，则让学生思考差距在哪里。这样不仅能让学生把概念理解得更深入，还创设了一个人人动脑、人人参与的创造性活动。教师要

教育学生尊重科学、尊重知识，同时要有不迷信权威、敢于向权威挑战的心理素质。这对于培养学生的创新精神是十分有益的。

（三）鼓励学生的创新热情

心理学研究表明，榜样的示范作用对创新意识形成的重要性是不容忽视的。心理学家西蒙说："对榜样的模仿，促进了创造性的智慧，从而对创造性产生有利的影响。"在班集体里，学生的意识倾向与教师的榜样导向直接相关。因此，在数学教学中，一方面可以向学生介绍一些古今中外创新的例子，如数学家高斯在10岁时就发现了"1+2+3+…+100"这道题的特点，找到了快速计算的方法；"司马光砸缸救人"的突破常规的思维方法。另一方面，要注意发现班集体中有创新精神的苗子。例如，经常会有学生不完全遵守教师规定的书写格式、解题步骤以及解题方法，对此我们不要一概加以否定，要仔细分析一下是否有某些合理性、是否有某些标新立异之处。如果发现了闪光点，应及时发扬、引导鼓励。这样不仅受表扬的学生会终生难忘，以后会经常别出心裁地思考问题，对全班其他同学也起到了导向作用，可增强学生的创造欲，鼓励学生的创新热情。

四、结束语

"三新"改革带来的新课程，给每个数学教师都提出了新的更高的要求，教学工作越来越找不到一套放之四海而皆准的模式。因此，教师必须在教学工作中随时进行反思和研究，在实践中学习和创造，这样才能得到发展。让我们扬起课程改革的风帆，乘风破浪，为驶向那展示教师生命价值的彼岸而不断努力。

参考文献：

[1] 叶尧城. 高中数学课程标准教师读本［M］. 武汉：华中师范大学出版社，2003.

[2] 陶朴良. "驾驭式自主高效课堂"三要素的诠释［J］. 中学课程辅

导（教师教育），2016（6）：3-3.

［3］史宁中.数学基本思想18讲［M］.北京：北京师范大学出版社，2016.

［4］季苹.研究学生，不断改造课程和教育者自身［J］.基础教育课程，2011（12）：57-58.

［5］田慧生.学校应从传统教研转向现代教研［J］.师资建设（双月刊），2017（6）：21-22.

有效教学理论及其在地理课堂的实施策略

柳州市柳江中学　韦雪兰

一、有效教学的内涵

俗语有云："台上三分钟，台下十年功。"这充分显示出人们对有效教学的追求。随着新一轮课程改革的推进，有效教学再一次成为教学活动讨论的焦点。从教学实践的发展历程来看，有效教学大致经历了三种追求：一是扩充"教学规模"并以相应的"教学程序"或"教学规模"维持这种"教学规模"，这是一条追求"教学规模"的有效教学道路；二是挑战固定的"教学程序"进而形成某种多元化的、个性化的"教学模式"，这是一种以"教学模式"为主题的有效教学追求；三是在"教学理念"的指导下系统"设计"教学过程，这是一种讲究"教学设计"的有效教学思路。

对于有效教学，教育学界尚未形成统一的看法。陈晓端等学者通过对西方有效教学研究的系统考察，发现西方学者对有效教学的解释可以归纳为目标取向、技能取向和成就取向三种基本取向，并表示有效教学到目前为止并没有一个统一的解释，也很难找到一种最佳的界定角度或框架。刘立明的《国外有效教学研究述评》综合了国内外学者的研究成果，对有效教学的界定主要沿用经济学上效果、效益、效率的概念来解释。这种观点认为，有效教学是指教师遵循教学活动的客观规律，以尽可能少的时间、精力和物力投入，取得尽可能好的教学效果，从而实现特定的教学目标，满足社会和个人的教育价值需求。崔允漷从"有效"和"教学"两个概念出发来界定有效教学，认为有效教学是为了提高教师的工作效益、强化过程评价和目标管理的一种现代教学理念，它的核心是关注学生的进步或发展，关注教学的效益。所谓"有效"主要是指通过教师在一段时间内的教学，学生所获得的具体的进步或发展；所谓"教学"是指教师引起、维持或促进学生学习的所有行为。高慎英、刘良华等学者主要以学生发展为取向来界定有效教学，他们认为能够有效地促进学生的发展、有效地实现预期的教学结果的教学活动都可以称为有效教学。龙宝新、陈晓端等学者主要从表层、中层、深层三个层面对有效教学进行结构化分析，他们认为从表层分析，有效教学是一种教学形态；从中层分析，有效教学是一种教学思维；从深层分析，有效教学是一种教学理想。他们还认为，实践有效教学就是要把有效的"理想"转化成有效的"思维"再转化为一种有效的"状态"。钟启泉等学者的《基础教育课程改革纲要（试行）解读》指出："有效教学是为了提高教师的工作效益、强化过程评价和目标管理的一种现代教学理念。具体地说，有效教学的理念主要包括：有效教学关注学生的进步或发展；有效教学关注教学效益，要求教师有时间与效益的观念；有效教学更多地关注可测性或量化；有效教学需要教师具有一种反思的意识；有效教学也是一套策略。"

可以看出，国内外学者都认为有效教学的核心思想是通过各种手段与媒介来实现学生自身的进步或者发展。

二、地理课堂教学现状

课堂教学方式还是以讲授法为主。M·希尔伯曼通过一项教育心理学研究发现，不同的教学方式产生的教学效果是大不相同的，学生对所教内容的平均回忆率如图1所示。

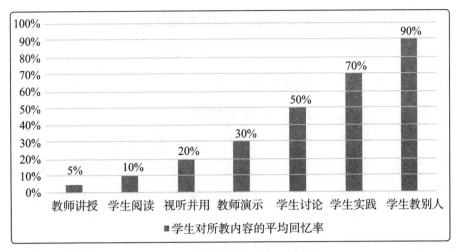

图1　学生对所教内容的平均回忆率

可以看出，以教师讲授的教学方式进行课堂教学，学生对所教内容的平均回忆率是最低的，而基础教育阶段的课堂教学多以教师讲授为主，所以课堂教学效率非常低。地理学科是一个综合性很强的学科，需要学生更多地感悟身边的地理知识，用教科书上的知识解释身边的地理现象。这样的学科性质就要求地理课堂的教学方式要多样化，但现阶段，出于课时太少以及高考的压力过重等原因，大多数的地理课堂教学还是以教师讲授、学生聆听为主，这样的教学是达不到有效教学的标准的。

评价方式主要以学生成绩为主。在当前的教育背景下，大多数课堂教学评价依旧采用单一的标准，"一切向分看"还是主流思想。对学生的评价，教师还是以考试成绩作为依据，使得应试教育式的课堂组织形式占据了大部分课堂教学时间，教师"满堂灌"，学生只能进行接受式学习，对于知识只是机械地以记忆为主，无法达到理解升华，无法上升到情感、态度、价值观，更遑论学科核心素养的培养。这样的记忆往往达不到长时记忆的标准，很容易遗忘，非常影响学生自身的进步和发展，达不到有效教学的目的。

三、有效教学理论在地理课堂的实施策略

针对以上地理课堂出现的问题，结合有效教学理论的观点以及目的，笔者认为可以从以下三个方面进行改善。

（一）转变课堂教学方式，打造高效课堂

教师要改变原始的满堂灌的课堂教学方式，灵活地采取多种课堂组织形式，如案例探究式课堂学习法、实验探究式学习法、小组合作式学习法等，增加课堂教学的趣味性，丰富课堂教学的组织形式，打造高效课堂。使用问题驱动式教学方式、项目式教学方式与课题式教学方式开展教学活动，提高课堂的情境性、变式性、自我提高性和反思性。让学生积极融入课堂教学活动中，真正参与课堂，从而提高学生在课堂上的学习效率，增强学生的学科核心素养，助力学生自身的进步与发展，达到有效教学的目的。

（二）开展学科实践课程，培养核心素养

对于地理学科来说，综合性强，与实际生活联系紧密是其非常鲜明的特点，开展相应的实践课程或者在课堂上多进行实验操作，能够让学生更直观地观察到相应的地理现象，从而加深其对地理知识的理解，开阔学生视野，激发学生学习地理的兴趣，活跃课堂，调动学生学习的积极性，培养学生的学科核心素养。例如，在学习"热力环流"这一课时，教师可以当场进行实验，演示热力环流的形成过程，让学生观察、感悟、理解。再如，学习"土壤"这一课时，可以带领学生观察当地的土壤性状特点等，让学生了解何为酸性土壤、酸性土壤的特点、酸性土壤对生物的影响等。通过一系列学科实践课程，让学生对知识有更为深入的理解，并帮助学生学会用地理知识解释、解决身边的地理问题，使教育真正促进人的进步与发展，达到有效教学的目的。

（三）丰富教学评价方式，构建多元评价

关于地理知识理解与应用的评价，主要看学生的理解能力和解决实际问题时运用已学知识的能力；关于地理技能形成与应用的评价，主要考查学生

对各种地理技能的功能、方法和要领的掌握程度，选择应用地理技能的合理程度，运用地理技能的熟练程度以及应用地理技能取得的学习和研究成果的正确程度和实际价值；关于地理科学方法掌握及探究活动质量的评价，应重点了解学生对地理观察、区域分析、综合地理比较等常用地理研究方法的领悟、掌握状况和运用水平，学生能否独立运用所学的基本理论和基本观点，对不同或单一的地理事物和现象进行多方面的比较，多角度、多因素分析；关于情感态度与价值观形成的评价，学生的情感态度与价值观形成主要体现在学习动机、学习兴趣、学习习惯、实事求是的科学态度、地理审美情趣、关注国家环境与发展现状等方面，同时应了解全球环境与发展问题，初步形成正确的全球意识、可持续发展意识、关心和爱护环境的社会责任感和良好的行为习惯。

综上所述，本文首先对有效教学的内涵进行了剖析，发现有效教学理论经历了扩充"教学规模"、挑战固定"教学程序""教学理念"指导下的教学设计，已经得到了专家学者们的一步步补充与完善，对于指导实际的课堂教学非常有帮助。通过对地理课堂教学现状的调查与研究，本文提出了有效教学在地理课堂的实施策略。希望通过本文的研究，帮助基础教育阶段地理课程提高课堂教学效率，助力学生个人进步与自身发展。

参考文献：

［1］高慎英，刘良华.有效教学论［M］.广州：广东教育出版社，2004.

［2］陈晓端，Stephen Keith.当代西方有效教学研究的系统考察与启示［J］.比较教育研究，2005，26（8）：56-60.

［3］刘立明.国外有效教学研究述评［J］.现代中小学教育，2002（12）：40-42.

［4］崔允漷.有效教学：理念与策略（上）［J］.人民教育，2001（6）：46-47.

［5］龙宝新，陈晓端.有效教学的概念重构和理论思考［J］.湖南师范

大学教育科学学报，2005（4）：39-43.

［6］M·希尔伯曼.积极学习：101种有效教学策略［M］.上海：华东师范大学出版社，2005.

［7］于冰.地理课堂教学评价方式改革促进课堂教学改革［J］.教育现代化（电子版），2015（4）：111-112.

"三新"改革背景下生物学科新授课课型研究

柳州市柳江中学　曹旻琦

一、研究背景与方向

（一）教育方针指引下学科教学改革发展要求

党的十八大以来，我国的教育事业坚持把立德树人作为教育的根本任务。基础教育改革要求切实落实学科核心素养，具体表现在以下方面：以人为本，突出学生在教学方式变革中的地位；从三维目标到核心素养；从教学意识向课程意识扩展；积极开发和合理利用多种课程资源；重建教学方式变革的知识观基础；探索新技术条件下的教学形态；增强思辨课堂的问题意识；通过评价促进学生学习；等等。课堂创新迫在眉睫，主要包括以下几个方向：精选课程资源、转变学习方式、优化知识结构、构建课堂模型。

（二）传统生物学科课堂存在的问题与面临的挑战

上层建筑的架构、社会的发展、学生的需求使得传统的课堂教学模型已经不能适应教学改革的要求，表现出诸多制约问题，其中比较突出的就是生物课堂教学场域中的浅表行为。

教师方面，常常以课时紧张为由，将生物教学简单理解为过程和结论的传授和讲解，而放弃了通过实验得出结论这一生命科学最为基本的教学方式，很少深入到实验原理的逻辑根据、实验设计的思维方法、科学发展史所能够弘扬的科学精神等一系列由实验贯穿的深度教学层面；常常将要求开展的生物实验当成被狭隘理解的知识去讲授，简而言之为"讲"实验，而不是引导学生去"做"实验，从而使蕴藏于实验设计及操作背后的基本经验、基本方法、基本思想和基本价值等更深层次的生物学科素养得不到培养；常常将生物教材中的概念性知识（主要是概念、原理等）作为教材知识的全部，很少引导学生归纳总结方法性知识、探讨价值性知识。简而言之就是机械地"教"，失去了生物学科学习之魂。

学生方面，往往是以机械记忆和反复操练、复制学习成果为主的浅表学习，缺少通过重复经典实验或创新设计实验对所学知识进行深度加工，难以使学习目标内容得以迁移、拓展和深化。学生甚至误将生物学科当成文科，用文科"死记硬背"的方式来学习生物，这其实是一种假性学习的表现。用这种方式来学习的学生满脑子都是"等靠要"的思想，"等答案、靠讲解、要结论"，不会主动探索、积极思考、大胆创新、灵活运用，只会生搬硬套。这样根本无法适应高考学科素养考查要求，更无法达到大学阶段的科研要求。

（三）生物学科自身特点决定新授课课堂改革的方向

生物学科自身的特点使之在立德树人、培养学生关键能力和必备品格方面发挥着不可替代的作用。

生物学科注重实验、观察与探究。例如，高中生物必修部分一共有35个实验，观察类实验有"使用显微镜观察几种细胞"等8个，探究类实验有"探究植物细胞的吸水和失水"等16个，此外还有调查类实验等其他实验。其中，要求分组实验的就有16个之多，主要集中在观察类和探究类。

生物学科注重培育科学思维，要求学生掌握假说—演绎法、类比法等科学研究的思维方法，如孟德尔的豌豆杂交实验、摩尔根证明DNA在染色体上的实验都是典型的运用假说—演绎法进行设计的实验，要求学生通过学习经典实验来获得科学思维方法。

生物学科理论性、知识性强，强调理解性记忆。比如，性状分离比的模拟实验就是一个典型的学生通过实操来理解遗传因子的分离、配子的随机结合与性状之间的数量关系的实验。

生物学科应用性、实践性强，与生产、生活联系密切。选修课本中果酒、果醋的制作等实验都充分体现了生物学与生产、生活密不可分。

生物学科学习资源丰富、途径广泛，利于筛选与整合。现实中身边的各种生物都是生物学科学习可以利用的材料，如绿叶中色素的提取和分离实验，完全可以让学生选择自己感兴趣的植物叶片来进行实验，叶片的来源是广泛而且充足的。大数据时代，网上图片、视频、动画、文献等各种教学资源也极为丰富。

生物学科具有发展性，应避免绝对化。生命科学尚在不断地发展，新的物种、新的原理不断被发现，而且生物与环境都处在不断变化的过程中，我们不能以固化、定式的思维来看待生命科学问题，一定要用发展的眼光。比如酶的定义，过去在发现蛋白质类的多种酶的时候定义酶属于蛋白质，后来发现有的酶也可以是RNA，就必须修改酶的定义了。现在酶的定义中用词就比较准确，酶属于有机物。

但目前生物学科课堂的现状是，实验这一重要学习手段没有体现其应有的价值，功利学习驱使教师讲实验、学生背实验；学习内容仅限于课本，没有走进自然这一更大的课堂，学生的感官没能得到充分的调动。

与其他学科相比，生物学科同样包括三类知识：事实性知识（学科知识、学科概念）；方法性知识（学科方法、学习方法）；价值性知识（学科素养、学习素养）。教师想用事实性知识的讲解和传授方法去引导学生完成方法性知识和价值性知识的学习，是不可能达成的。方法性知识是个人能力系统的主要组成部分。从学生的学习活动来看，方法性知识是获得的会做、会用的知识系统，不是靠口授获得的，要靠实验、实践去获得，学生在获取方法性知识的过程中慢慢提升自身的学科素养。由此可知以实验为依托的各种学习体验对生物学科学习的重要性。

但是，受到课时安排、生物实验周期、材料准备期、仪器设备等一系列客观条件的制约，我们的生物实验落实起来难度确实相当大，所以必须对实验进行重新整合。这就要求我们结合大单元教学的思想对新授课的方式进行改革。

（四）结合大单元教学思想进行新授课课型构建

在"三新"改革背景下，生物学科新授课课型必须结合大单元教学思想进行教学设计，要求教师建立好学科核心素养与学科核心内容之间的关系，依据课程标准，重新整合教材和非教材学习资源，制订培养核心素养的学习目标，选择适合培养学生核心素养的教学内容和情境素材，设计课堂学习活动，进行及时学习评价，使学科核心素养具体化，可培养、可干预、可评价。生物课堂必须突出实验在生物课堂中的地位，强调学生的观察与动手操作，促成学生感官与情感的体验，重视情境贯穿、任务驱动，实现"学—教—评"一致，最终实现从低阶思维走向高阶思维、从浅表学习走向深度学习。

二、课例分析："酶的特性"（新授课课型）

（一）教材分析

"酶的特性"这节课是新人教版高中生物学教材第一册《分子与细胞》第五章第一节"降低化学反应活化能的酶"的第二课时，内容包括酶具有高效性、酶具有专一性和酶的作用条件温和。该部分内容能让学生进一步理解酶的作用与本质，还能为学习细胞代谢等其他相关知识奠定基础。此外，可以利用本节内容让学生学习实验设计的一般思路和方法、实验结果的评价与分析、模型的构建与分析，从而提升学生生物学科核心素养。

（二）学情分析

在本节课之前，学生在第一课时已经掌握了以下知识：酶的作用和本质、关于酶本质的探索、控制变量和设计对照实验的相关知识和方法。本节课可以让学生进一步体验实验设计的思路和方法，如对照实验的设计与操作方法、自变量和无关变量的分析与控制方法、实验评价的方法等，从而对科学探究的一般程序"提出问题—做出假设—设计实验—进行实验—分析结果—得出结论"形成基本的认识。

（三）设计思路

在"三新"背景下对课堂提出的新要求，旨在解决课时紧张与教学效果不理想的问题，尝试结合情境教学的方法提高课堂教学的有效性。将第一节"降低化学反应活化能的酶"的两个课时的教学内容和素材进行重新整合与整体设计，将多酶片的生产作为探究学习的情境主线，设计学习任务和思考问题，采取学习小组合作学习、行动学习的方式，按照"小组内互评—小组间互评—教师点评"的流程及时对学生的成果进行评价。层层引导学生归纳总结有关酶的特性的知识概念，使学生在实验探索中初步掌握实验设计的一般方法，并在课堂中发展相应的学科核心素养。

主情境：多酶片的设计。

分情境及达成目标见表1：

表1 分情境内容及对应的小组任务活动和达成目标

分情境	小组任务或活动	达成目标
分情境一：制作多酶片时能否用无机催化剂代替酶	课堂导入：回顾不同条件下过氧化氢分解的实验	酶的高效性
分情境二：多酶片中为何包含多种消化酶	小组任务一：淀粉酶对淀粉和蔗糖的水解作用	酶的专一性
分情境三：多酶片的使用需要注意的条件	小组任务二：实验评价：探究温度对唾液淀粉酶活性的影响 小组任务三：构建温度影响酶活性的数学模型并作简要解读 小组任务四：以唾液淀粉酶为研究对象，写出测定酶的最适温度的实验思路	影响酶活性的条件
分情境三：多酶片的使用需要注意的条件	小组任务五：以过氧化氢酶为研究对象，写出测定酶的最适pH的实验思路 小组任务六：构建pH影响酶活性的数学模型	酶的作用条件温和

（四）学习目标设置

第一，通过观察与思考酶的相关实验，理解酶的特性（高效性、专一性），进一步拓展对温度与pH影响酶活性的探究，自主理解酶作用条件温和等学科知识和概念。

第二，通过分析酶的"锁钥模型"，进一步树立结构与功能相适应的生命观念。

第三，通过比较与评价酶的相关实验设计的一般思路和方法，提升科学探究能力，发展分析、归纳与概括、推理等科学思维。

第四，了解酶在生产实践中的重要作用，用酶的特性解释生物学现象，增强社会责任意识。

（五）教学重难点把握

重点：实验探索酶的特性并形成数学模型，设计实验并评价实验思路与方案，理解酶的特性。

难点：学习理解酶专一性的"锁钥模型"，尝试构建并评价影响酶活性条件的数学模型。

（六）教学资源整合

多酶片相关资料，如多酶片说明书的查阅；"不同条件下过氧化氢分解的实验"与"淀粉酶对淀粉和蔗糖的水解作用实验"的相关动画和微视频；设计出"酶的特性"导学案。

（七）导学案设计

1. 导入新课：能否用无机催化剂代替多酶片中的酶（分情境一）

回顾过氧化氢分解实验，回答下列问题。

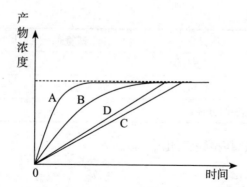

图1 不同条件下过氧化氢分解实验产物浓度随时间变化曲线

（1）曲线A、B、C、D分别对应哪一号试管？

（2）曲线A与C比较，说明酶具有什么特性？

曲线A与B比较，说明酶具有什么特性？

说明：酶具有高效性。

追问：多酶片中为什么包含多种消化酶？（分情境二）

思考1：探究酶专一性实验的一般设计思路。

设计思路一：①底物a+酶溶液；②等量底物b +等量相同酶溶液（酶相同，底物不同）。

设计思路二：①底物+酶溶液1；②等量相同底物+等量酶溶液2（底物相同，酶不同）。

2. 小组任务一：淀粉酶对淀粉和蔗糖的水解作用，探究酶的专一性

阅读课本第81页"探究·实践"，按照思路一完成以下实验设计。

实验目的：探究淀粉酶是否只能催化特定的化学反应。

表2 探究淀粉酶催化特定化学反应实验流程

具体步骤	项目	试管1	试管2
1	注入可溶性淀粉溶液	2ml	—
2	注入（ ）	—	—
3	注入（ ）	—	—
4	振荡		

具体步骤	项目	试管1	试管2
5	60 ℃水浴，保温5分钟		
6	加入斐林试剂	2ml	2ml
7	水浴，煮沸1分钟		

观察1、2两试管内颜色变化。

预期结果和结论：

若_____，则淀粉酶具有专一性；

若_____，则淀粉酶不具有专一性。

观看淀粉酶对淀粉和蔗糖的水解作用实验视频。

结论：酶具有专一性。

思考2：从结构上分析，酶为什么具有专一性？

模型分析：酶具有专一性的"锁钥模型"。

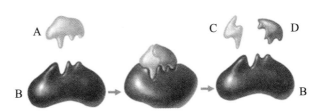

图2　解释酶的作用机理的"锁钥模型"示意图

模型中的字母分别代表什么？

A：_____　　B：_____　　C：_____　　D：_____

追问：多酶片的使用需要注意的条件（分情境三）（提示：捣碎多酶片，用热水溶解吞服，是否可行？）

3. 小组任务二：探究温度对唾液淀粉酶活性的影响（实验评价）

探究温度对唾液淀粉酶活性的影响的实验流程见表3。

表3 探究温度对唾液淀粉酶活性的影响的实验流程

步骤		试管1	试管2	试管3	试管4	试管5	试管6
第一步	2ml淀粉溶液	+		+		+	
	1ml淀粉酶溶液		+		+		+
第二步		冰浴		水浴，37℃		沸水浴	
第三步		将试管2中的溶液倒入试管1中混合		将试管4中的溶液倒入试管3中混合		将试管6中的溶液倒入试管5中混合	
第四步	分别保温2分钟	冰浴		水浴，37℃		沸水浴，用自来水冲凉	
第五步		加入两滴碘液，观察颜色的变化					

预期结果为：

结论：

思考3：

（1）本实验能否用过氧化氢和过氧化氢酶进行探究？为什么？

（2）为何酶与淀粉混合前要先在各自温度下保温5分钟，而不是先混合再保温？

（3）试管5在加碘液前为何多了用自来水冲凉的环节？

4. 小组任务三：构建温度影响酶活性的数学模型并作简要解读

（学生绘制温度影响酶活性的曲线）

5. 小组任务四：以唾液淀粉酶为研究对象，写出测定酶的最适温度的实验思路

自变量：_____。

因变量：_____。

测量观察指标：_____。

无关变量控制：_____。

预期结果：_____。

结论：_____。

思考4：结论能否这样表述：蓝色最浅的组别对应的温度就是最适温度？

6. **小组任务五**：以过氧化氢酶为研究对象，写出测定酶的最适pH的实验思路

自变量：_____。

因变量：_____。

测量观察指标：_____。

无关变量控制：_____。

预期结果：_____。

结论：_____。

7. **小组任务六**：构建pH影响酶活性的数学模型并作简要解读

（学生绘制pH影响酶活性的曲线）

三、课型评价

"酶的特性"这堂课是在"三新"课堂改革思想的指导下，结合大单元教学设计要求打造的一节课。本节课以多酶片的设计这一主情境贯穿课堂始终，利用三个分情境有效连接六个学习任务，通过不断设问层层驱动学生思考。小组合作学习的模式让课堂评价从教师单一的评价走向个人自评、生生互评、师生共评的多元化课堂评价机制，让学生感受到学习进阶带来的成就感。本节课是对新授课课堂模型的探索，与传统课堂模型相比，具有划时代的意义。

该课堂模型使教师进一步厘清了新形势下的课堂观：教师不再是一味地教学生什么，而是让学生学什么、会什么，不是你听我讲，而是你做我评、你讲我评，力求树立正确的师生观；设置有效问题层层推进课堂教学，不但要引发学生思考，还要不断触及学科本质和知识内核，不断走进学科价值和思维的深处，力求使学生树立正确的问题观；课堂中的分析、对比、归纳、尝试、借鉴、构建等行为指向紧扣学科素养的培养，力求使学生树立正确的思维观；根据知识内容的特点选择合适的学习方式，在一定程度上达到两者有效联结，力求使学生树立正确的知识观；从生活实际出发，在卫生与健康

方面选择情境，更是基于生命观念的渗透、社会责任心的培养，从学生的素养出发，力求使学生树立正确的素养观。

四、反思总结

在新的历史时期，生物学科的新授课模式必须要调整和改变，主要应注意三方面：一是重新确立实验探究在生物学科学习过程中的主要载体地位；二是利用大单元教学思想对教学目标、教学内容和教学资源进行重新整合；三是重视情境的设置，以主情境为主线贯穿课堂始终，借助分情境引发学生对知识点的学习兴趣。

当前还处于课型构建的探索阶段，课堂模式的实施会受到一些问题的制约，如由于课时、进度的限制，对教师整合资源、构建课程的能力提出了更高的要求；教师必须对学情有更精准的把握；开放式课堂突发状况的控制能力、协调能力和应变能力对教师是一个巨大考验；等等。人民群众对教育的需求一直在提高，教育的环境一直都在变化，我们对课堂教学模式的探索也必须一直在路上。

参考文献：

[1] 中华人民共和国教育部.普通高中生物学课程标准（2017年版2020年修订）[S].北京：人民教育出版社，2020.

[2] 王琼霞，刘晓昕，赵新桐."酶的特性"一节教学设计 [J].生物学通报，2021，56（7）：18-21.

[3] 刘国伟.基于单元教学设计的高中生物学概念教学的实践研究 [J].高考，2021（29）：117-118.

[4] 余文森.核心素养导向的课堂教学 [M].教学月刊：中学版（政治教学），2018（6）：63-64.

"三新"教学之情境创设教学法
在教学中的运用

——以高中叙事抒情类文言文《陈情表》为例

柳州市柳江中学 谭春丽

文言文是中国传统文化的必然载体。孔子说过："言之无文，行而不远。"在书写不便利、通信极不发达的中国古代，要想有效方便地传递信息，对于字义的丰富性和易于记忆性都有较高的要求，同时要求文字本身记载信息的丰富。从先秦时期开始，中华绚烂的文化便和文字紧密地结合在了一起。我们可以从古汉语的字里行间探究我们祖先的情感、思想世界；可以用想象构建他们的生活，与他们进行跨越历史的对话；可以追寻我们的根源。进一步说，文言文也是中国地方文化的源流和根脉之一。

文言文以语言文字形式作为传统文化的一种载体与表现形式，反映了古代文化的丰富性和人们的智慧。传承与弘扬中华优秀传统文化，既是提高国家文化软实力的重要内容，又是推进社会主义文化强国建设的有效手段。文言文不仅是中国传统文化智慧的结晶，还是文化传播的重要载体，是改善学生情感健康、提高学生语文核心素养的重要途径。学校作为教书育人的主阵地，要发挥好文化培育、辐射、滋养的作用，重视文言文教学。

为了高质量地开展高中文言文教学，教师要秉承科学合理的教学思路，根据具体的教学目标采取灵活多样的教学策略。人教版高中语文教材中文言文的总量是32篇，课文总量是65篇，文言文总数量的占比为49.23%，统编版高中语文全套教材共5册，共选入古代诗文67篇（首），占全部选文数（136篇/首）的49.3%。两种版本教材的文言文选文占比均接近50%，可见文言文在高中学生的语文学习中尤为重要。如今新课改的风潮愈发深入，对传统文化的教学要求也在不断更新。高中语文的文言文教学不能仅仅满足于传统的认知教育，高中语文教师还应重视文言文课堂上的情感教育、课程思政、精神传递以及帮助学生提高文言文鉴赏能力，将文言文教学与提高学生核心素养相结合。这样的教学理念才符合时代特征。

但文言文以生涩难懂、语义简练为主要特点，加大了学生学习的困难程度。在传统文言文课堂中，教师教学方法单一，缺乏文化韵味，在进行文言文教学时，多是对文本进行串讲，首先落实言的部分，而忽视了言后面的文所蕴藏的深厚的文化和情感。传统的串讲模式加重了学生的厌学情绪。忽视学生认知特点、填鸭式地灌输知识致使课堂出现低效、学生畏难等问题，学生死记硬背语法知识，对文言文的学习自然兴趣不高。功利性追求使得文言文本身的内涵和价值被忽视，学生对文本的理解浮于表面；教学程式化，学生主体性得不到体现。评价机制单一，使得文言文的教学改革举步维艰。高中文言文如何破冰，以达到提高学生对文言文的学习兴趣、提高学生对文言文的阅读鉴赏素养的教育目的，是一个至关重要的问题。

《普通高中语文课程标准（2017年版）》（以下简称《课程标准》）强调："语文课程是一门学习祖国语言文字运用的综合性、实践性课程。"语言的运用和理解与具体语境有着密切的联系，话语的产生离不开特定的语言环境，话语的理解也要相应地回到特定的语言环境中去。文言文的学习更是如此，无论是从语言形式还是内容上来看，文言文与现代话语都有很大差异，其所具有的丰富内涵要求在文言文学习的过程中回到其原初语境中，这样才能将其准确把握。《课程标准》着重强调："引导学生在真实的语言运用情境中，通过自主的语言实践活动，积累语言经验，把握祖国语言文字的特点和运用规律，加深对祖国语言文字的理解与热爱，培养运用祖国语言文字的能力。"不论是从语文的定义还是语言的学习途径和目的来说，《课程标准》都提到了情境创设的教学方法和文言文的"文"的功能的重要性。以2022年高考语文全国甲卷作文为例：

《红楼梦》写到"大观园试才题对额"时有一个情节，为元妃（贾元春）省亲修建的大观园竣工后，众人给园中桥上亭子的匾额题名。有人主张从欧阳修《醉翁亭记》"有亭翼然"一句中取"翼然"二字；贾政认为"此亭压水而成"，题名"还须偏于水"，主张从"泻出于两峰之间"中拈出一个"泻"字，有人即附和题为"泻玉"；贾宝玉则觉得用"沁芳"更为新雅，贾政点头默许。"沁芳"二字点出了花木映水的佳境，不落俗套，也契合元妃省亲之事，蕴藉含蓄，思虑周全。

以上材料中，众人给匾额题名，或直接移用，或借鉴化用，或根据情境独创，产生了不同的艺术效果。这个现象也能在更广泛的领域给人以启示，引发深入思考。请你结合自己的学习和生活经验，写一篇文章。

要求：选准角度，确定立意，明确文体，自拟标题；不要套作，不得抄袭；不得泄露个人信息；不少于800字。

此作文题以经典清代小说《红楼梦》中给大观园中桥上亭子的匾额题名为引而设题，与以往以古人名言为材料设题不同的是，此题文言词语常见易懂，考查的更多是对这一文言情节的理解，即文言背后的文意，注重考查学生对文言选段情节的理解和感悟。《课程标准》指出，高中生应该"阅读浅显文言文，能借助注释和工具书，理解词句含义，读懂文章内容，了解并梳理常见的文言实词、文言句式的意义或用法，注重在阅读实践中举一反三"。从2022年高考的考查中我们发现，高中语文改革要将"读懂"落到实处，文言文要落实到"阅读实践"中去，落到切实的情境中去，要避免文言文落到"文物""死物"的尴尬境地。只有这样，我们的文言文教育才能达到《课程标准》提出的使学生在学习语文课程的过程中"受到优秀文化的熏陶，塑造热爱祖国和中华文明、献身人类进步事业的精神品格，形成健康美好的情感和奋发向上的人生态度"的要求。高考这杆风向标警示我们学习文言文必须在重"言"的同时重"文"。

因此，笔者认为以情境创设作为辅助手段，以文代言、文言合一的教学方法不失为文言文教学改革的良好途径。

情境教学的基本原理是利用心理学的研究成果创设情景语境。情境教育就是人为地设置语境，让学生在充满情趣的语境中轻松掌握知识。语境创设可分为个人体验情境、学科认知情境和社会生活情境，具体表现为：基于认知语境创设个人体验情境，通过了解学生学习需求确定教学内容；立足上下文语境、情境语境、文化语境创设学科情境，帮助学生深入理解文本；创设虚拟语境来还原社会生活情境，以迁移运用知识。通过实践发现，相比于条分缕析语法知识点，依托上下文语境更有利于学生理解和灵活识记字词；结合社会文化语境、情景语境能够使学生更深入地理解文本；联系学生的认知情境、创设虚拟情境可以打破学生对文言文的陌生感和距离感，让学生更好地融入文本，参与到课堂教学中来。因此，自觉地将情境创设理论与文言文教学相结合，对提高文言文课堂教学效率来说不失为一种有益的探索。

笔者提出以文代言、文言合一的教学方法的主要依据为：①学生通过初中及高中一定时间段的学习，有一定的文言文阅读能力，可以在阅读文言文的过程中进行语言的学习；②高中文言文与初中的相比，篇幅普遍较长，没必要以效率低下的详细的串讲方式教授学生；③古代文人就有"文以载道"的说法，文学作品通常是文人志士用于表达思想、抒发情感、反映现实的一种方法和载体。言是载体，而思想情感才是内核，过于重言而轻文的教学有舍本逐末之嫌。

《普通高中语文课程标准（实验）》提出，文言文学习的终极目标在于"实现古代文化的传承与熏陶，提高国民的文化素质"，而不是考证个别字词的不同。古汉语字词句知识、文章的篇章结构和写作技法的学习是手段而不是目的，古汉语文字符号背后承载的中华文化才是文言文学习的重点。以《陈情表》为例，高中教材选编这篇文章的目的是让学生从历史发展的角度理解其中蕴含的"孝"义以及作者的"陈情"艺术。高中文言文教学要结合时代背景，立足社会环境；让学生分门别类地整理知识，掌握阅读方法；从宏观与微观入手，培养学生的感性与理性思维。将文本语境、课堂情境、学生生活实际相结合，使学生更容易理解文章的内容。

陶行知先生曾经说过这样一句话："先生不应该专教书，他的责任是教人做人；学生不应该专读书，他的责任是学习人生之道。"高中语文教材收录的文言文，每一篇都蕴藏着深厚的中国传统文化。因此，在文言文教学中，教师可以运用情感教学法，激发和培养学生的人文情怀。

叙事抒情性的文章故事性较强，能吸引读者的阅读兴趣，如半文半白的《红楼梦》《水浒传》等书籍便很能引人入胜；另一方面，这样的文章也容易在情感上引起人们的共鸣，叙事抒情性较强的文言文同样有这样的优点。因此，情境创设、以文代言、文言合一的教学方法同样适用于这类文章的教学。以《陈情表》为例，《陈情表》的表文语言形式与现实是有距离的，但人类的情感是共通的，交汇在传承得很好的中华民族传统文化中关于亲情的情感里。这便是情境创设很好的切入点。

笔者尝试对传统的串讲式的文言文教学模式进行更改，创设了情境，以问题为导向，进行以文代言、文言合一的文言文教学尝试。

《陈情表》是一篇向君王陈述衷情或者隐情的表文，作者通过表文表达了自己对祖母的感情以及对皇帝的恭敬和不得已的情感。文章情感浓厚、感染力强，其中夹杂着李密对自己坎坷身世的叙述。孝是中华民族的传统美德，李密对祖母的乌鸟深情容易让读者有所感悟、有所触动，引起情感共鸣。

创设学科情境，指向文言文的文化功能。在陈情表的教学中，笔者首先以苏轼对文章的评价"读《出师表》不坠泪者，其人必不忠；读《陈情表》不坠泪者，其人必不孝；读《祭十二郎文》不坠泪者，其人必不友"作为导入，通过创设《陈情表》的文化语境来创设学科情境，让学生明确《陈情表》在文学性上的突出特点，加强学生对《陈情表》的重视，引导学生关注作者的叙述中蕴含的真切情感和婉言拒绝的艺术。

创设个人体验情境，拉近学生与文言文的距离。在学生初步了解李密的生平事迹后，笔者让学生快速初读文章，理解文章的基本文意。这时候将文言文中的言放到了比较靠后的位置，避免学生因为畏难心理而对文言文失去兴趣。笔者以问题为导向，设置了"假设你是李密，你会应召为官吗？"的问题，引导学生将自身的感受代入文本人物，感知人物的心情和选择。在思考的过程中，学生便会结合文本和作者生平，权衡利弊，作出选择。在这一环节中，有回答"去"的，理由是不能触怒强权，但可能造成被唾骂贪恋富贵的结果，在晋朝朝堂上也可能面临因为失去气节而被司马部属排挤的局面。也有回答"不去"的，理由是无人奉养祖母，但"可以带祖母上任"又引起了一番热烈的讨论；不去的理由还有不能背叛旧主，但是这样的选择可能会被司马集团所猜忌，甚至招来杀身之祸。学生的思维经过了联想—权衡—分析—判断—溯因的过程，结果主要有以下几种：

表1 学生对问题"假设你是李密，你会应召为官吗？"的回答结果

决定	理由	可能的结果
去	不能触怒强权	被唾骂贪恋富贵
		被司马部属排挤
不去	不能背叛旧主	被猜忌
	无人奉养祖母	招来杀身之祸
	......	

课堂很热闹，学生置身于成为李密的个人体验情境中，从李密的角度思考问题，在不断地回答—质疑—追问—深入的过程中，发现面对晋武帝抛来的"橄榄枝"，李密面临的不仅仅是忠孝两难全的问题，更大的困难是如何既保全性命又保全气节，从而对李密的孝情、忠情、气节有了更深入的感受，甚至对李密婉言拒绝的语言艺术赞叹不已。这样的情境创设和问题导向的教学真正从能引起共鸣的"文"出发，充分激发了学生学习文言文的积极性，使其主动解决"言"的阻碍，并咀嚼"文"背后的含义，既达到了"读

懂"的效果，又培养了学生思辨性思维的发展，还达到了"以文化人"的最终目标。

在深入探究文本思想感情的过程中，笔者并未放弃对文言基本知识的教学，言是文的载体，不知言何以论文。学生在查找文本分析问题的过程中遇到文言知识方面的困难时，笔者会及时与学生共同解决问题，此时学生对言的认知更深刻。学生对文章有强烈的认知欲望的时候，辅以言的阐释，言的教育会更有成效。

在这样的情境中，学生对文本没有排斥感，笔者的教学达到了很好的效果，在有效落实"文化传承与理解"素养的培养的同时，促进了学生辩证思维能力的有效提升。在学习《陈情表》《祭十二郎文》《项脊轩志》这类描写人类情感的叙事抒情类文言文时，教师要提炼出文章所蕴含的"情感"主线和人文情怀，积极创设情境，敢于以文为先，让学生感悟"孝道"亲情，并且将这一传统美德深深根植于学生的内心当中，使学生受到传统美德的熏陶，赋予文言文教学更高的价值。

综上所述，在新课程标准下，高中文言文不仅是学生在考试中赢得高分的重要利器，更是培养学生人文素养的有效载体。在核心素养背景下，我们的文言文教学不能脱离学生鲜活的生活土壤，不能脱离学生已有的生活经验和认知水平。在高中文言文教学实践中，笔者常常引导学生基于自身的生活经验和认知水平，紧扣时代脉搏，对传统文化进行理性审视、合理扬弃。教师要引领学生进行文言文阅读学习和复习备考，应该多一点思考、多一点探究，尤其应该多一点立体丰富的教学设计，让学生既能在阅读和鉴赏中体会文言文独特的语言魅力，又能在具体的情境中获得语言思维的发展。情境阅读法能强化学生的主体意识，教师可指导学生在文言文阅读中灵活运用。我们应站在为学生"终身学习奠定基础，传承和发展中华文化、增强民族凝聚力和创造力"与"培养德智体美劳全面发展的社会主义建设者和接班人"的新高度去审视每一堂课，无论是从情境创设到问题提炼，还是从教学内容到活动设计，都必须以《高中语文课程标准》为参照，以"双核"（学科核心素养和社会主义核心价值观）为导向，仔细审视课堂教学的每一个细节，不断完善和超越，这样才能无愧于学生那渴求真知的目光、无愧于家长的殷切希望、无愧于社会的尊重和信任、无愧于伟大时代的责任与担当！

参考文献：

［1］中华人民共和国教育部.普通高中语文课程标准（2017年版）
　　［S］.北京：人民教育出版社，2018.

［2］黎珊宇.基于语境理论的高中文言文教学研究［D］.桂林：广西师
　　范大学，2021.

［3］王光佑.基于核心素养的高中名著生活化教学实践研究［J］.教学
　　研究，2020（5）：86-92.

［4］高笑可.由"言"入"文"——文言文教学的一种有效方法［J］.
　　中学语文（中旬·读写新空间），2021（32）：14-16.

［5］廖聪文."交际语境"以及"作者身份法"视角下的《陈情表》
　　［J］.教学考试，2021（28）：42-43.

［6］徐阳萍.凭什么打动人心——《陈情表》陈情的"着眼点"［J］.
　　语文天地，2021（6）：10-11.

［7］陈瑛.情境导学，提升效率——论高中语文情境教学策略［J］.课
　　外语文，2022（1）：83-85.

"三新"改革背景下优化知识结构

——利用"微专题"提高高中生物遗传学复习效率

柳州市柳江中学　廖海梅

传统的遗传专题复习课一般按照"一章节一专题一模拟"的模式进行，"大专题"的复习模式强调复习的广度，但是忽略了复习的深度，极容易导致知识盲点的产生。"三新"课堂是以新素养为特征的课堂教学，注重深层结构的教学方式。在"三新"改革背景下，我们将采用"微专题"来复习遗传学内容，以提高复习效率。"微专题"集中针对某一具体的知识点或能力点，并根据该知识点的概念、原理或规律来构建知识结构，以实现知识迁移、整合。利用生物的"微专题"进行复习能有效地对部分知识加以整合、延伸、拓展，让学生在复习中有所收获和提高。本文结合案例，针对学生存在的问题、高考考查的重难点与高频考点等，采取穿插"微专题"的复习模式。"微专题"复习模式以大化小，能弥补传统复习中的不足与缺陷。

一、优化知识结构，整体把握知识

形成知识网络构造"微专题"，以迅速找到解题思路。在高三教学和复习过程中，讲每一章之前，教师要介绍这一章内容的整体框架，使学生对整章内容有一个整体把握。在复习过程中要重视遗传定律的发现过程，因为其过程本身就是一个科学研究的过程，学生在体验过程中明确科学探究的一般步骤，学会怎样去作出假设、如何去推理、如何去验证，从而明确定律的实质，在充分理解遗传定律的内容的基础上，把定律本身应用到实践中去。通过结构图，在教学中引导学生，使学生在头脑中把自己的遗传章节体系建立起来，在大脑中明确遗传是什么、遗传有哪些类型、如何计算遗传概率、有哪些主要解题途径、哪些地方容易错等，鼓励学生组合成小组，在课下通过合作学习，自行处理核心知识，并有目的地安排学生训练、组织交流、建构微型知识网络，尽量引导学生采用各种不同的图形方式将知识点串联起来，如可以采用气泡图、树形图、逻辑图、鱼骨图等，这样既节省时间，又能开发学生创作的潜能，也突出了学生的主体地位。在合作学习中，通过学生小组交流、质疑、补充、更正、总结，不但可以锻炼学生的思维扩张能力、表达能力、分工合作技能等能力，而且学生学到的是自己理解的知识，并通过生生交互将知识点多次强化，建构了扎实的知识网络，更有实际应用的本领，从而大大提高了生物遗传学复习的有效性。

图1为基因型与表现型的关系微知识网络：

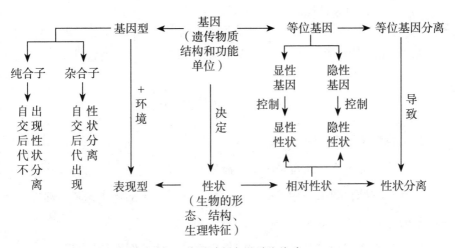

图1　基因型与表现型的关系

二、优化知识结构，加强学法指导

以解题方法系统化构造"微专题"，促进学生对知识的灵活应用。为了提高学生思考问题、应用知识解决问题的能力，做到以不变应万变，我们要充分做好解题方法的引导，对题目的探究要到位，在注意知识不断深化的同时，更要注意知识之间的内在联系。在教学过程中，教师要指导学生学会用分离定律结合乘法原则和加法原则去解决复杂问题，如涉及多对等位基因的个体杂交后代基因型和表现型种类求算、遗传病发病概率的求算等。这样将知识点与解题方法进行融合，逐渐形成"微专题"。通过"微专题"，学生对知识点的应用和解题方法更加系统。例如分离定律的概率计算：

1. 用经典公式或分离比计算

（1）概率$=\dfrac{\text{某性状或基因型数}}{\text{总组合数}} \times 100\%$.

（2）根据分离比计算。

如 Aa $\otimes$ $\underline{1AA : 2Aa : 1aa}$

3显性性状 : 1隐性性状

AA，aa出现的概率各是 $\dfrac{1}{4}$，Aa出现的概率是 $\dfrac{1}{2}$，显性性状出现的概率是 $\dfrac{3}{4}$，隐性性状出现的概率是 $\dfrac{1}{4}$，显性性状中杂合子的概率是 $\dfrac{2}{3}$。

2. 根据配子概率计算

（1）先计算亲本产生每种配子的概率。

（2）根据题目要求用相关的两种（♀、♂）配子的概率相乘，即可得出某一基因型的个体的概率。

（3）计算表现型概率时，将相同表现型的个体的概率相加即可。

3. 自交的概率计算

（1）杂合子Dd连续自交n代，如图2所示，杂合子比例为 $\left(\dfrac{1}{2}\right)n$，纯合子比例为$1-\left(\dfrac{1}{2}\right)n$，显性纯合子比例=隐性纯合子比例为 $\left[1-\left(\dfrac{1}{2}\right)n\right] \times \dfrac{1}{2}$。纯合子、杂合子所占比例的坐标曲线如图3所示。

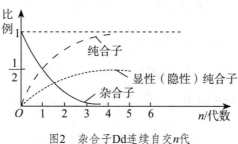

图2　杂合子Dd连续自交n代

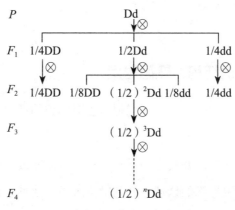

图3　纯合子、杂合子所占比例

（2）杂合子Aa连续自交且逐代淘汰隐性个体的概率计算。

第一步：构建杂合子自交且逐代淘汰隐性个体的图解，如图4所示。

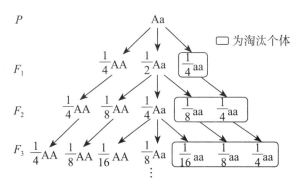

图4　杂合子自交且逐代淘汰隐性个体

第二步：依据图解推导相关公式。

杂合子Aa连续自交，其中隐性个体的存在对其他两种基因型的个体数之比没有影响，可以按照杂合子连续自交进行计算，最后去除隐性个体即可。

因此可以得到：连续自交n代，显性个体中纯合子的比例为$\dfrac{2n-1}{2n+1}$，杂合子的比例为$\dfrac{2}{2n+1}$。

三、优化知识结构，熟悉题型

以题型变式构造"微专题"，增强学生对知识的理解和迁移能力。遗传学的题目繁多，解题方法灵活多变，所以最有效的解题技巧就是具备扎实的基本功，掌握基础知识，并将它们活学活用。可以通过一些题目，让学生抓住题型的特点，注重思维的延伸，做到触类旁通，使得它在脑海中留下一个深刻的印象，这样在后期做题过程中，脑海中就会自动形成解题思路。教师应充分发掘不同题型解题方法的特点，在设计一个或两个母题的基础上变式出其他相同或相类似的题目，从中找出解题的窍门，在此基础上加以延伸和拓展，将具有相同特点的题目组合成一个"微专题"。变式题的训练可以让学生加深理解，培养学生的思维能力，同时提高解题能力。

例如配子致死类型的"微专题"训练：

原题：基因型为Aa的某植株产生的"a"花粉中有一半是致死的，则该植株自花传粉产生的子代中，AA、Aa、aa基因型个体的数量比为（　　）。

A.3：2：1　　　　B.2：3：1　　　　C.4：4：1　　　　D.1：2：1

答案：B.

解析：据题意，"a"花粉中有一半是致死的，所以该植株产生的雄配子有两种：$\frac{1}{3a}$、$\frac{1}{3A}$，雌配子也有两种：$\frac{1}{2a}$、$\frac{1}{2A}$，雌雄配子结合后产生的子代中，基因型为AA的个体占$\frac{1}{3}$，基因型为Aa的个体占$\frac{1}{2}$，基因型为aa的个体占$\frac{1}{6}$，所以AA：Aa：aa=2：3：1.

变式1：某观赏植物的白花对紫花为显性，花瓣一直为单瓣，但经人工诱变后培育出一株重瓣白花植株，研究发现重瓣对单瓣为显性，且含重瓣基因的花粉致死。以新培育出的重瓣白花植株做母本与单瓣紫花植株杂交，F_1中出现$\frac{1}{2}$重瓣白花，$\frac{1}{2}$单瓣白花，让F_1中的重瓣白花自交，所得F_2中各表现型之间的比例为（　　）。

A.9：3：3：1　　B.3：3：1：1　　C.6：3：2：1　　D.4：2：1：1

答案：B.

解析：假设白花和紫花的基因分别为A和a，控制重瓣和单瓣的基因分别为B和b，亲代中重瓣白花植株的基因型为AABb，单瓣紫花植株的基因型为aabb，F_1中重瓣白花植株的基因型为AaBb，单瓣白花植株的基因型为Aabb，由于重瓣白花植株（AaBb）产生的花粉只有Ab和ab两种，产生的雌配子有AB、Ab、aB、ab四种，随机结合后，F_2的表现型及比例为重瓣白花：单瓣白花：重瓣紫花：单瓣紫色=3：3：1：1.

四、结语

综上所述，高中生物遗传学的复习不是一个简单的过程，要通过一定的策略优化进行"微专题"复习，对复习中所暴露的问题及时进行解决，对高考重点、热点问题及时进行强化。"新素养、新思辨、新教法"构成了"三新"课堂的核心要义，提高了知识类型与教学方法之间的联结，切实促进了学生生物核心素养的发展。利用"微专题"进行复习能有效地对部分知识加以整合、延伸、拓展，让学生在复习中有所收获和提高。教师在实际教学中要灵活运用"微专题"，提高复习的针对性和实效性。

参考文献：

［1］郑文勇.基于知识提升核心素养的"三新课堂"［A］.中小学校长，2021（12）：60-61.

［2］杨淑红.高中生物遗传知识的巧妙应用［J］.新课程（中学版），2013（1）：335.

［3］吴现健.高中生物遗传问题解决能力的培养途径探究［J］.新课程导学2018（5）：81.

新高考新课程新教材下，关注学生的"学"

——以"椭圆的标准方程"为例，关注学生对高中数学的"学"

柳州市柳江中学　翟　涛

高考数学作为一门极具难度和挑战性的学习科目，分数两极分化大，也是学生总分差距大的原因之一。高考数学考查学生的数学思维能力、分析问题的能力，所以学生不仅要掌握必备的数学基础知识，还要学会如何应用已知的数学知识联系未知的问题。因此，在高中数学的教学中，教师的教学设计要以学生为主，培养学生的六大核心素养。高考改革促进了教育目标的更新，传统的考试方式考查学生的知识基础，普遍以分数作为学习能力的参考指标，高考改革则越来越强调分数以外的能力培养，尤其是创造、创新能力的发展，旨在为未来社会培育具有综合素质的全面发展的人才。目前，高考数学考查的内容变得更为复杂，通过各类题型考验学生的理解分析能力、推理能力、逻辑判断能力。

一、当下教学背景

课标是教学过程的"导航"。对于高中数学教师来说，研究新课标是为了整体把握新课程理念，认识数学课程内容，明确贯穿于高中数学课程的四条主线。整体把握高中数学新课程基本理念和课程目标，有助于教师更好地进行数学教学，树立以学生发展为本的意识，指导学生在学习数学和应用数学的过程中把握数学本质，启发学生思考，激发学生的自主学习意识，培养学生敢于质疑、善于思考的能力，让学生获得进一步学习以及未来发展所必需的数学基础知识、基本技能、基本思想、基本活动经验（简称"四基"），提高从数学角度发现和提出问题的能力、分析和解决问题的能力（简称"四能"），养成良好的学习习惯，提升学生的创新意识。在实际教学中，教师不仅要重视"教"，更要关注"学"，重视对教学活动的过程性评价和对学生数学学科核心素养的培养。

二、以"椭圆的标准方程"为例，体现教师关注学生的"学"

新课标要求教师在数学教学活动中，要以学生的活动为主，关注学生的动态学习。在这一动态的学习过程中，学生获得了必要的基本数学知识和技能，在获取知识的过程中，情感、态度、价值观也得到了相应的发展和提升。本文以"椭圆的标准方程"这节课为例，关注学生的学。

（一）关注学生兴趣

"兴趣是最好的老师。"激发学生兴趣，是实现教师心理活动和学生心理活动的最佳结合的又一重要诱因。作为教师，除了要在课堂上创设情境，让学生知道这些都是发生在身边的、熟悉的事情，让他们觉得学有所用、学有所值外，"寓知于乐，以趣激学"也是非常重要的。在教学中加入情境、游戏、故事、实践等数学活动，诱导学生投入到丰富多彩、充满活力的数学学习活动中去，让学生亲身经历数学知识的形成过程，使学生获得学习数学的乐趣和信心，才能使学生不仅喜欢数学，而且会做数学、会用数学，才能真正使学生在情感、能力、知识等方面获得全面发展，才能使学生保持经久不衰的学习热情和浓厚的学习兴趣。学生有了兴趣，注意力就容易被教师的讲解所吸引，师生的心理活动就能实现最佳结合。

1. 生活实例引入——问题驱动

问题：圆柱水杯里装了一大半的水，水面的形状是圆形。如果倾斜圆柱水杯，水面的形状是什么呢？

活动：教师拿起自己的水杯示范给学生看，具有情境性，有助于唤醒学生的想象力，引导学生尽快投入到数学活动中，进行数学抽象，激发学生学习数学的兴趣。

2. 微课引入

当下，学生较喜欢在网络上刷短视频，在快手、抖音等App上进行浏览。所以这一节课采用微课的形式，播放将圆形纸片折成椭圆形的视频，以触动学生的感官，使其体会数学的奥秘。

（二）关注学生的动手能力

《普通高中数学课程标准》指出："学生的数学学习活动不应只限于接受、记忆、模仿和练习，高中数学课程还应倡导自主探索、动手实践、合作交流等学习数学的方式。"可以看出，积极引导学生动手实践、自主探究无疑是我国新一轮数学课程改革大力倡导的一种数学学习方式。

首先让学生出示课前准备好的材料，教师指导学生将细绳固定在图板上的两点F_1、F_2处（绳长>$|F_1F_2|$），然后大家动手画图，用笔尖将细绳拉紧，慢慢移动一周，看画出来的是什么图形。学生画完后观察大屏幕上的画图演示，然后教师让学生讨论并回答多媒体动画画的椭圆为什么绳长大于$|F_1F_2|$，让学生自己演示一下，并思考如果不满足这一条件能画出什么图形？

学生回答以后再讨论：椭圆是由符合什么条件的点的轨迹构成？学生口述，教师订正并出示定义。这样应用发现式教学法，充分发挥了学生的主体作用，锻炼了学生动手动脑的能力。

（三）关注学生的思考探究能力

问题是引发学生思考的最好诱因，也是最能激活学生思维、引导学生合作创新的媒介。高中数学要想培养学生的创新能力，就要注重问题情境的创设，让学生在具体的问题情境中感知数学的应用，结合具体的问题来分析和思考。培养学生的创新能力最为根本的内容就是培养学生灵活运用数学知识解决各种问题的能力。生活在不断变化，生产应用也会随时出现各种问题，根据具体的问题寻找有效的方法，最终解决问题，才是最为重要的能力，也是最为核心的创新能力。

导出标准方程

首先启发学生思考：根据椭圆定义求方程时，如何选择坐标系呢？让学生讨论后回答，这时教师强调建立坐标系导出方程的方法最简单（动画、椭圆坐标）。其次，教师提问求曲线方程的方法及步骤，利用学生已有的经验，将目标很快集中到方程的化简上。导出过程是本节课的难点，为了突破这一难点，教师首先让同学们一起复习无理方程的变形方法，然后师生一起参与推导方程，强调为了化简方程，引入 $a^2-b^2=c^2$（$b>0$）这一关系式，从而得到最后的标准方程，以此对学生进行美的熏陶和教育。教师说明这个方程是焦点在 x 轴时导出的，让学生讨论焦点在 y 轴时，椭圆的方程形式是怎样的，启发学生用对比的方法思考类似问题的解决方法，得出标准方程，从而提高学生解决问题的技巧性。

三、教学成果

在新高考、新课程、新教材下，关注学生的"学"，通过思考探究、合作讨论的操作方式，以问题解决式学习模式让学生不再是浅学，而是深度学习，从而有效落实数学学科核心素养。下列是实践反思后总结的教学成果：

第一，教师在课前做好备课工作，备课组成员共同研究新高考、新教材、新课程，共同探讨、相互学习、集思广益，研磨出适合本班、本年级以及本校的数学教学模式。

第二，教师的教学设计要有新意，突出数学六大核心素养，培养学生的数学思维。

第三，注重对学生进行数学文化的熏陶，培养学生对数学的兴趣，增长学生的见识。

第四，上课不仅是理论知识的传授，更重要的是理论与实践的结合，要有始有终，体现数学的重要性。

第五，课堂是师生、生生进行情感交流的重要阵地，课堂上教师引导、学生合作探究，教师鼓励学生勤思考、勤表达。

第六，用微课教授易错、易混的知识点，以动画来演示函数图像，用图片来增添数学色彩。

第七，教师进行课后反思，可以使用问卷调查的形式了解学生的学习状态、课堂教学效果，给学生提出自己的建议的机会。对于学生提出的建议，教师要做到即时反馈。

参考文献：

[1] 杨永宏，郑丹. 数学教学中教师的导与学生的学的结合 [J]. 重庆与世界：学术版，2012，29（7）：76–77，81.

[2] 周文臣. 高中数学教学培养学生创新能力的实践思考 [J]. 中国高新区，2018（7）：104.

核心素养导向下的化学教学策略

——以"乙醇"的教学为例

柳州市柳江中学　简云飞

2018年教育部最新发布的《普通高中化学课程标准（2017年版）》明确提出要重视开展"素养为本"的教学，倡导真实情境的创设，培养学生利用化学知识解决实际问题的能力。如何在高中课堂开展"素养为本"的教学？学生如何培养自身的化学核心素养？钟启泉教授说："核心素养不是直接由教师教出来的，而是在问题情境中借助问题解决的实践培育起来的。"为此，本文探讨了一些核心素养导向下的化学教学策略，旨在为中学一线教师及教育研究工作者提供有益的借鉴和参考。

一、传统课堂模式向"三新"课堂模式的转变

目前，大部分高中化学课堂教学是围绕着所谓的"考点"展开的，根据以往的试题将高中化学知识分解成若干"考点"，无论是新课还是复习课都被"高频考点""冷门考点""考点突破""考点狂练"等绑架。这就形成了教师单向灌输、学生被动接受的局面，而这种模式的缺陷是非常明显的。核心素养导向的化学教学要求教学活动不能仅停留在让学生记住一些解题方法上，更要关注通过事实抽象提出的核心概念，这就需要我们转变教与学的

传统形态。良好课堂教学的关键在于建构合理的教学模式，使教师的主导性与学生的主体性得到协调发展。在教学过程中，教师要秉持"教学并重"原则，教师的主导作用与学生的主体作用同等重要，不可偏废。此外，教师不能只想自己怎么教，还要多想想学生怎么学，做到"教学合一"。课堂教学重在突出教师的导教作用、学法指导和思维启发，充分发挥教师"导学、启思、拓展、提升"的作用。课堂教学设计可以从以下几个方面展开：一是以学生为主体，从学生自主学习出发建立学习路径；二是改革教学方式，少教多学，将时间还给学生，让学生自己去发现和解决问题、自己去探索和应用方法、自己去概括和凝练规律、自己去解读和体悟真谛，优化教学过程和方法，提高教学效益；三是针对学情差异提出学习要求，落实分层教学，提高教学质量，即教师要基于学生的学习状况进行精准性的指导。"三新"课堂应是有生气、充满智慧与活力的课堂，旨在促使学生从重复性学习转变为创造性学习、从学会服从转变为学会思考、从个人学习转变为协同学习、从单一技能转变为多种技能。

在"乙醇"的教学中，课堂教学环节可以按图1思路设计，步步深入，环环相扣，引导学生分析问题、解决问题，培养学生的化学核心素养。

I	II	III	IV
观看视频 引入课题 观看酒驾视频片段 诊断并发展学生潜在学习动机水平	驱动任务 实验探究 搭建乙醇的球棍模型，实验探究乙醇的结构和性质 诊断并发展学生的实验探究水平以及证据收集和推理能力	问题解决感受价值 利用乙醇的性质解决生活中的实际问题 诊断并发展学生真实问题解决能力水平以及对化学价值的认识水平	归纳总结构建模型 通过对乙醇的复习，构建有机物的学习模式 诊断并发展学生研究有机物及其转化的思路水平

图1　课堂教学环节

二、浅层教学向深度教学的转变

深度教学中的"深度"是相对的，是指相对于原有教学设计而言有所提升和发展。传统的教学设计基本是依据课本从头讲到尾，贯穿始终的是抽象的理论知识，学生能够参与的练习较少。生态课堂强调学生全程参与课堂学习，绝不能把学生排除在课堂教学活动之外；改变课堂教学行为，重新构建学习路径，以学生的需求导入，以学生感兴趣的问题导入，抛出问题，解决问题。深度教学可通过精心设计问题情境，引发学生认知冲突，激发学生的求知欲，旨在组织学生全身心投入学习活动，建构知识体系，进而发展高阶思维，使学生体验成功、获得发展。理想的课堂教学可通过对探究学习方法的点拨和指导，使学生掌握学习的规律和方法，让他们真正走进课堂，学会自己解读教材。教学的最后落脚点应该在学生的实践运用中。在深度学习中，学生的思维不再是简单的浅层识记，而是需要更多的思辨。教师要积极引导学生多角度思考问题，将学生的思路打开，提高学生的思维能力、辨别能力和语言表达能力。活动探究是一种提高学生思辨能力的有效的教学手段，学生从问题中来，再将知识运用到问题中去。教师在教学过程中要给学生独立思考的空间，让学生善于思考，善于发现问题和解决问题，真正使教学从浅层走向深度。

在探究乙醇结构的过程中：

教师活动1：提出问题。在初中已知乙醇的分子式为C_2H_6O，那么乙醇的结构是怎样的？结合之前学习的乙烷的结构式，根据有机物中"碳原子形成四个键、氢原子形成一个键、氧原子形成两个键"的原则，选择橡皮泥、牙签等生活用品搭建乙醇分子模型。

学生实验：搭建乙醇分子模型，如图2所示。

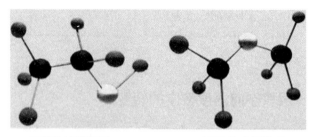

乙醇的球棍模型　　　　　　甲醚的球棍模型

图2　学生搭建的分子模型

设计意图：用生活用品去搭建乙醇分子模型，增加了化学与生活的联系。在已有知识的基础上学习新知识，降低了学习难度，培养了学生的迁移能力。

教师活动2：根据学生搭建的乙醇分子模型，写出乙醇分子可能的结构式。

$$\begin{array}{ccc} & H & H \\ H-C-O-C-H \\ & H & H \end{array} \quad 或 \quad \begin{array}{ccc} H & H \\ H-C-C-O-H \\ H & H \end{array}$$

提出问题：乙醇分子的结构到底是哪一种？如何通过简单实验进行验证？

学生活动1：小组讨论两种结构式的区别，提出实验方案：根据钠与水反应可知O-H键容易断裂，可以验证乙醇是否与金属钠发生化学反应。学生质疑：乙醇与钠发生反应也可能是C-H键断裂，无法判断结构式。

设计意图：培养学生小组合作的意识，引导学生学会知识迁移，进行实验探究。在此过程中体现了"科学探究与创新意识"素养。

教师活动3：展示资料卡片：金属钠保存在煤油中，煤油的主要成分是烃类。教师演示实验：拔下活塞芯杆，将绿豆大小的钠块放入注射器针筒中，安上活塞芯杆用力推压，排空空气，缓缓吸入乙醇3 mL，用橡胶塞密封注射器的针头，待反应停止后拔掉橡胶塞，将注射器针头靠近酒精灯火焰，匀速缓慢推动活塞芯杆，点燃气体，可观察到氢气安静地燃烧，如图3所示。

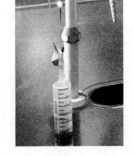

图3　乙醇与钠反应实验

学生活动2：对比钠与水反应和钠与乙醇反应的实验现象填写表格，见表1。

表1　钠与水反应和钠与乙醇反应的实验现象

物质	水与钠	乙醇与钠
现象	金属钠浮在水面上，熔成闪亮小球，四处游动，发出嘶嘶响声，加酚酞后溶液变红	金属钠沉在乙醇液面下，反应缓慢，有气泡产生，反应结束后钠不熔化

学生活动3：分析乙醇的断键位置，得出乙醇分子存在-OH，乙醇结构式为 H-C-C-O-H.

三、低阶思维向高阶思维的转变

如何将高阶思维的培养与发展"沉浸"在具体的学科教学活动中，使课堂教学由知识本位向素养与思维本位转变、浅层学习向深度学习转变，既是当前课堂教学改革面临的重要问题，也是落实学科核心素养、培养创新人才的"突破口"。化学高阶思维是指学习者在一定的学习环境中，以化学学科知识与技能为载体，综合运用化学表征、证据推理、模型建构、质疑批判、评价与反思等思维方法解决化学问题的一种高级认知活动。化学高阶思维具有复杂性、过程性、深刻性的特点，在借鉴林崇德的思维结构理论框架和姜玉莲对高阶思维结构因子的表征的基础上，结合化学学科的课程学习特点，将化学高阶思维划分为化学表征思维、模型建构思维、化学实验思维、质疑批判思维以及迁移创造思维，具体内涵见表2。

表2　化学高阶思维构成要素

构成要素	内涵
化学表征思维	能够分析化学问题中各关键要素之间的关系，能够从宏观、微观或符号的视角对其进行分析和表征
模型建构思维	能够抓住事物的本质特征，进行抽象化概括，建构体现本质特征的模型；能够根据问题的实际情况，调用相关的化学知识及技能，选择合适的模型解决问题

构成要素	内涵
化学实验思维	能够对极具挑战性或需要验证的问题的相关信息予以整合、分析、论证和评价，以形成完善的实验方案，顺利地完成实验并验证问题解决方法的合理性和可行性
质疑批判思维	以追求真理为导向，以科学严谨的态度对已有观点、结论的合理性等进行质疑、分析与评价，并监督与调整问题的思考方式
迁移创造思维	能够整合已有知识和技能，灵活运用多种思维方式，对学习过程中的"异常"现象和已有结论进行质疑、反思和论证，能提出新的问题解决思路，并能将此思维活动迁移至其他问题的解决上

在"乙醇"教学中，常规的教学目标为乙醇的分子式、结构式；乙醇的特征反应——取代反应、氧化反应等。对于这些目标，学生只需要用"低阶思维"就可以完成，学生被动地记忆，可以说是简单粗暴。但乙醇作为烃的一种重要衍生物，是学习其他醇的重要桥梁，在有机物转化中占据核心地位，需要我们根据"高阶思维"要求对"乙醇"这部分内容进行重新设计，整合教材内容，引导学生从"低阶思维"向"高阶思维"迈进。例如，教师让学生亲自动手搭建乙醇的模型，更深刻地理解乙醇的结构以及简单醇类的结构，并了解乙醇向其他含氧衍生物变化的趋势，在学习了乙醇与钠发生取代反应、催化氧化的基础上，引导学生自主分析乙醇与镁、钾的反应，以及丙醇、异丙醇的催化氧化反应等，促使学生知其然还知其所以然，充分提升学生的化学观念和化学学科素养，更好地体现这节课的价值。

高阶思维在学生全身心投入、经历思维探索过程后才能被激发出来。教师在设计教学环节时要注意引导学生的思维，教材中的知识有些是比较呆板的陈述，需要想方设法将其设计成精彩的思维过程，既不能不给台阶，又不能给太多台阶，让学生在思维过程中不断提升自己，发现、再发现，创造、再创造，在深度思维体验中获得成功。本案例在乙醇的基础上逐步增加碳原子及羟基，由学生自己动手拼插模型，探索醇类的结构特点，学生在深度体验中把握了新知识的发生、发展及衍变规律，有利于学生将新知识融入原有的知识结构中。本堂课的教学设计是基于高中化学核心素养目标，在授课过程中采用连续性学习，以问题式引导的教学方式让学生的思维不断深入，从而使学生更加深刻地理解乙醇的性质。同时，学生体会变化的思维，从结构特点分析物质的性质，深刻体会基于物质化学变化得到的"结构决定性质"的结论，并通过对用途的学习，认识"性质决定用途"。在这个过程中，教师要充分发挥学生的主观意识，让学生自己解释、主动分析、得出结论，以学生为主。此外，在教学中要通过问题式教学和启发式引导，让学生的思维逐步深入。教师在教学过程中要建立"发现问题—分析问题—提出猜想—实验验证—得出结论"的研究思路，让学生在化学变化中找到研究的思路。

参考文献：

［1］中华人民共和国教育部.普通高中化学课程标准（2017年版）［S］.北京：人民教育出版社，2018.

［2］杨邦军，徐伟.重构课堂模式，重建课堂生态——以参加2018电子电工"三新"课堂教学观摩评课活动为例［J］.职业教育（中旬刊），2019，18（2）：66-67.

［3］孙宏志，解月光，姜玉莲，等.课堂教学情境下学科高阶思维的结构与发展规律——以语文学科为例［J］.电化教育研究，2020（6）：91-97，104.

［4］皇甫倩，曾美琴，魏钊，等.基于化学高阶思维培养的教学设计研究——以"双液原电池"为例［J］.天津师范大学学报（基础教育版），2021，22（3）：40-46.

新视野下舞蹈艺术生课程的初探

柳州市柳江中学　戴凝宁

如今，我国的教育模式已经逐渐由传统的应试教育模式转变为提升国民综合素质的新教育模式。这样的新教育模式就是要致力于培养学生在德、智、体、美、劳各方面全面延伸发展。舞蹈专业课作为艺术生高考科目中的必修课，相对于其他学科来说授课的时间较少，而专业课成绩在舞蹈艺术生高考综合录取成绩中占有70%的比重，在高中两年半的舞蹈专业课学习中，学生对艺术基本素质的掌握及理论学习将是最终的考学目标能否达成的重要因素。因此，在新视野下，学校舞蹈教师要提升课堂教学水平，创建良好的学习氛围，创新授课方式，从而促进学生学习能力的提高。

一、舞蹈艺术生课程改革的研究背景

（一）社会背景下的要求

在现今的社会背景下，学校的教育工作的标准和要求越来越高，而舞蹈专业课作为高中舞蹈艺术生考学过程中尤为重要的一门专业课程，不仅要求对舞蹈技能的开发，更是对考核学生的人文素养及艺术能力有着至关重要的作用。所以，舞蹈艺术生的教育，不但要在学生舞蹈技能上下功夫，还需要思考怎样帮助学生提高综合素质。为了更好地推动我校舞蹈艺术生课程的改革和创新，在新视野背景下，我们需要对现阶段舞蹈艺术教育中存在的问题进行分析，结合现今的时代要求以及学生学情制订相应的教学计划。

（二）舞蹈艺术生课程要求及学情

高校的舞蹈专业课程包含舞蹈历史、舞蹈理论、教育教学并且进行艺术性创作及表演内容，高考艺术统考考核的是舞蹈考生对艺术的理解和审美以及身体条件与协调性等综合素质。高中舞蹈艺术生的日常课程都是以动作训练为主，而学生通常比较固化地对教师授课内容进行机械化模仿和学习。再有，高中阶段学生在艺术学习上自主学习、自主创新的能力较弱，缺少自我认识和目标的确立。

在对标高考艺术考试标准的情况下，需要运用艺术教育功能进行调整，在具体的教学过程中以审美为导向，形成多层次、多维度的教育教学，把舞蹈艺术审美、艺术欣赏、艺术体验等实践活动作为学生舞蹈艺术教育的核心。教师通过制订教学计划、细化教学内容、优化教学环节、简化教学步骤达到美化教育的目的，使学生提高艺术审美能力，掌握舞蹈基本技能和技巧，理解自身对美的体验和感知，并有意识地通过肢体语言进行相应的表达。

二、新视野下的舞蹈艺术生课程改革措施

（一）转变授课主体，师生互动教学

在舞蹈艺术生课程的教学过程中，教师应该把学生作为课堂的主体，根据学生自身特点及情况因材施教，合理设计舞蹈教学内容。在教学过程当中，教师与学生之间的交流尤为重要。在课堂上，师生问答是比较常见的一种方式，教师抛出的与知识点相关的问题是最具有引导性的，决定了上课的方向。开放性的问题能够促进学生思考，益于学生思考探究及加深理解，而且能够让学生在回答问题中敢于表达发散思维，敢于自我突破。以苗族舞蹈《山路银河》的教学为例，在授课的过程中，可以设置几个问题让学生去分析。教师可以先播放一遍舞蹈视频，让学生通过观看、模仿，了解舞蹈的种类以及舞蹈风格特点，通过观察、分析，了解舞蹈动作的特点及要求，再以

提问的方式让学生把感受说出来。在大家回答后，由教师根据回答内容进行总结，教师要充分考虑学生的主体地位，使学生在受教育时得到尊重。因材施教便于指导在舞蹈艺术学习方面比较弱的学生，在课后作业中，教师可以要求学生根据所见、所闻、所想、所得进行舞蹈笔记整理，以加深对舞蹈的理解。除此之外，教师要指导学生参加舞台实践及舞蹈比赛，在实践当中体验和发现舞蹈的魅力，因为在教师指导学生进行舞蹈表演的过程中，学生对舞蹈艺术的鉴赏水平、学习能力和艺术理解力都有了很大的提升。

（二）改变教学方法，师生共促教学

在舞蹈学习过程中，教学目标实现的关键在于是否使用了合适的教学方法。有效的教学方法能够让学生感受到教学难度降低，使其直观迅速地了解到教师的教学目的，对学习内容有初步的认识，从而在课程当中和教师进行有效互动。在舞蹈教学上，教师首先应对舞蹈基础知识理论进行渲染和介绍，其次通过视频展示以及自身表演使动作要求更加清晰明了，以便学生进行模仿。教师可以在音乐背景中走到学生中进行舞蹈纠错，再通过几名学生代表的同时展示，让学生进行观察对比，待学生回答后，教师进行总结和动作要点的提示，激发学生在学习中提高自身对舞蹈内容的理解能力，在动作学习和自身动作问题练习上自主思考。最后，师生通过拍摄视频及回看的方式找出问题，并想办法去解决，从而整体提升课堂教学效果。

（三）加强学科融合，助力优化教学

新课改注重学科融合。现阶段，文化课程、德育课程、艺术类课程都是培养学生能力的主推手。在德、智、体、美、劳全面发展的要求下，学科之间的融合能更好地让学生在欣赏和领悟舞蹈魅力的同时深入理解舞蹈内涵和体会其中的意境。在舞蹈课堂中，教师在教授舞蹈基本动作的同时，可融入一些其他艺术元素，如绘画、诗文等。使舞蹈的表达更有深度，艺术性更强；也能使学生对舞蹈更感兴趣，还能激发学生的创造性思维，使学生将舞蹈与更多艺术元素相融合，从而编排出更丰富的舞蹈动作，使舞台效果更好。例如，我们在进行古典舞授课及学习的过程中，就可以从鉴赏《千里江

山图》中探索舞蹈《只此青绿》，通过欣赏舞蹈表演、理解故事情节、融合水墨画的制作过程等方式，使学生们充分感受两种不同的艺术形式碰撞出来的艺术效果，领略舞蹈最根本的魅力。

（四）转变教学思维，借助外力促学

高中阶段的学生学习能力和水平参差不齐，在第一学期只能完成最基本的节奏训练和动作模仿及舞蹈学习习惯的养成。为更好地引导学生融入新的环境和学习当中，以分组学习鉴赏舞蹈作品、小组合作进行舞蹈练习的方式，帮助学生建立自信，提高学习的积极性。

（五）转变课堂氛围，反推知识要点

高中阶段，学生的兴趣爱好很广泛，因此在新视野下，教师应不拘于课本或教参上的视频资料内容，应尊重高中学段学生的特点，选择适合的教学内容，且以符合他们心理特点的舞蹈曲目当作课后练习作业，注重开发他们的身体协调性。这个过程塑造了学生的个性，提升了学生的自信心，让学生自己在实践之中挖掘自身的特质。

三、结语

为了使舞蹈课堂变得更有趣、更高效、更全面，教师必须时刻提醒自己在教学当中转变主体思维，以生为主，在新视野背景下，多维度、多角度地探索课堂教学方式，以提升学生学习的积极性。更重要的是，在教学中要让学生通过舞蹈学习成为综合素质更高的新时代学生，把舞蹈学习从单纯的舞蹈动作模仿学习转变为舞蹈文化理解和肢体表达的融合，树立新颖的学习观。

参考文献：

［1］邬雨含.素质教育舞蹈课的五项能力标准及其权重划分研究［D］.北京：北京舞蹈学院，2019.

［2］齐良男.基于职业特点下高校舞蹈艺术课程教学改革研究：以吉林

省普通高校为例［J］.北华大学学报（社会科学版），2018（4）：
147–151.

［3］岳亚，邬美洪.多元化视野下的音乐艺术课程改革［J］.戏剧之
家，2014（14）：74–75.

［4］刘小榆.高职院校舞蹈课程教学改革初探［J］.成才之路，2013
（17）：87.

［5］杨君.多元化视野下的舞蹈艺术课程改革［J］.大观：论坛，2020
（6）：61–62.

核心素养理念下构建"三新"课堂

柳州市柳江中学　余丽娟

"三新"课堂即以"新素养、新思辨、新教法"为主的课堂。"新素养"是由知识到素养的转化，"新思辨"是让课堂教学走向深层，"新教法"是实现素养导向的课堂，并以多元评价推动教学新发展。

一、建构"三新"课堂的必要性

（一）适应和落实"双减"政策的需求

在"双减"的新形势下，"减负还要提质"，对教师的素养提出了更高的要求。教师要与时俱进、与时代同步，就必须变革教育观念。以教师为主体的"填鸭式"教学所带来的低效、无效，是学生学业负担重的重要原因。"双减"政策的实施，有助于减轻教学负担，教师不用"满堂灌"地教学，同时学生在课堂中学得更轻松、更活跃，从而使课堂学习气氛更加活跃。既要减轻学生的课业负担，又要让每一位学生在每堂课中"会学""学会"，教师需要重构课堂，使"双减"政策进一步落地。

（二）有助于深化核心素养课堂教学理念

核心素养理念下的课堂教学是教师和学生共同参与、交互生成的复杂过程，教师和学生都是课堂活动的参与者、建设者。基于核心素养培育的深度学习注重知识的理解、生成、建构，突出学生的主体性、能动性、发展性，强调学习的挑战性、体验性和迁移性，并着意于情境的创设与利用。以构建"三新"课堂作为提升学生核心素养的突破口，通过改革课堂时间、改变课堂形态等方式，尊重学生的学习兴趣、学情和潜能，帮助教师将核心素养融入课堂中，体现"全人发展"的优质课堂，适应国家课程改革的理念和课程标准的要求。

（三）构建理想课堂的具体体现

课堂是教学相长的主要阵地，是提高学生学习能力、提升教师教学艺术的场所。"三新"课堂强调知识情境化和知识的主动建构，重视知识的迁移运用，立足于真实问题的解决。教师会在上课前设计丰富的教学活动，以使学生投入课堂之中，充分调动学生积极性，减轻学生的焦虑感，提高其课堂参与度和投入度；在教学过程中，既有基础知识的学习又有学习技巧和策略的训练，教学内容设计和教学活动的安排充分考虑了学生的接受能力和知识水平；注重所学知识的运用，帮助学生检测和巩固已学知识。除此之外，学生有较多机会真正接触并使用所学知识，从而更好地发挥学生在课堂中的主体地位。

二、当前高中课堂教学主要存在的问题

（一）教师缺乏深层意义的教学

许多教师不善于开发教材，仍然把教学简单理解为字词句等符号形式的教学，很少深入到知识的逻辑、思维方法和深层意义的教学中去。教师常常将被狭隘理解的知识作为教学内容的核心，而对蕴藏于知识背后的基本经验、基本方法、基本思想和基本价值等更富有教育内涵的学科内容缺乏进一步的理解和思考，进而把教材中的概念性知识（主要是概念、原理等）当成是教材知识的全部，只关注教材中所谓的重点、难点和要点，而对学科基本结构的分类和重构不够重视。所以，在实际的课堂教学中，教师很难让学生去探求真知、追求真理，无法提供一个让学生独立解决问题的平台，在无形中造成了虚假的教与学。

（二）学生缺少深度学习

学生的学习行为主要以完成外在任务、机械记忆和反复操练为主，缺少对知识的深度加工，进而难以迁移和深化知识。学生采用各种"伪装"方式蒙蔽教师，"装"听话，"装"认真，逃避学习。在课堂中，学生被动接受知识，导致他们常常听着听着就不知道教师讲的是什么、讲到哪里，无法获得学习的愉悦感和成就感，难以形成不断学习的驱动力量。学生问题解决能力未见显著提高，厌学情绪却居高不下。学生没有经历真正的学习，没有经历知识建构的过程，收获成果存在困难。因此，转变传统教学模式、变革学生学习方式，需要打造适应新课改要求的高效课堂。

（三）课堂教学评价方式单一

评价作为教学不可或缺的组成部分，对教师的教和学生的学都会产生重要的影响。目前，课堂教学评价过于单一、显在、静态、孤立，缺少整体性、发展性、动态性和综合性的评价。这种"唯分数"和"唯升学"的单一性评价，会使课堂教学陷入机械死板的状态。此外，教师容易忽视评价的激励作用，评价标准主要基于学生的成绩，只将教学评价作为课堂教学的总结，并没有将其运用到教学中。而核心素养理念下的课堂教学评价更侧重过程评价，突出对课堂教学育人功能的动态性评价，评价内容除了学生的学业成绩，还包括情感与态度、合作与交流、课外实践、爱好与特长等非学业方面。现阶段的课堂教学评价需要发现和发展学生最重要的素养，发挥评价的教育功能，促使学生在教育中获得真正的成长。

三、构建"三新"课堂的建议

（一）积极转变传统的课堂观

"三新"课堂是师生共同建构、教学相长的课堂。首先，教师要把课堂时间还给学生，尽量缩短讲课时间，多让学生去思考。学生有效思考、合作探究、展示的时间应该占整堂课的80%，教师应基于学生的学习情况进行有针对性的指导和补充。整个课堂应该是学生能够分享学习心得、体会、成果以及经验的舞台。其次，"做中学"是掌握新知识最为有效的方式，更是形成解决实际问题能力的最佳学习方式。学生亲身经历、亲自体验、感悟内化，才能将所学知识融入他们的认知系统。因此，教师在学生的日常学习生活中要积极引导，从减少包办、帮助学生树立学习的自信心、培养学生学习的兴趣入手，让学生学会自己去作出选择、判断、执行，从而使学生在学习中获得成功的体验，形成内驱动力，积极主动探索知识。

（二）倡导自主、合作探究的学习方式

教师需要顺应形势，改变原有教学方式，将话语权、探究权交给学生，重视合作性学习，积极倡导自主、合作探究的学习方式。自主、合作探究学习是指学生在教师的启发帮助下，以学生为主体，充分发挥小组学习的作用。教师提出问题后，根据互补性原则搭建学习小组，让学生经过讨论合作共同解决任务，然后教师进行指导和总结。基于合作的课堂教学可以提高学生的自主学习能力、团结协作能力，也是培养问题解决能力、创新能力的重要途径。教师为学生创造出思考的学习氛围，从而改变"教师灌输、学生听讲"的应试教育现象，学生从被动学习变成主动学习，变厌学为乐学、变乐学为会学、变会学为会用。

（三）改进课堂教学评价方式

首先，利用信息技术促进学生能力的发展。可以使用信息技术跟踪记录学生的表现，存储学生在评价过程中的数据信息。例如，创设学生评价资源中心，建立评价跟踪与反馈的数据库。在其中，教师能发表评价分析报告，家长能查询学生的评价结果，学生能关注自身的成长与发展情况等。其次，教师应该使用多元化的评价模式，充分认识到学生的优势，考虑学生的心理承受度，采用激励、引导的方式，让学生充分了解自我，注意学生的差异化特征，构建适合学生发展的课堂。

参考文献：

[1]郑文勇.基于知识提升核心素养的"三新课堂"［J］.中小学校

长，2021（12）：60-61.

［2］陈琳.核心素养理念下课堂教学评价改革研究［J］.山西青年，2021（2）：67-68.

［3］崔友兴.基于核心素养培育的深度学习［J］.教育探究，2019（3）：51.

实践篇

核心素养视域下高中数学大单元
教学设计研究

——以"函数的概念及其表示"为例

柳州市第九中学 郑文勇名师工作室 韦元媛

在我国的高中数学教学活动中，大多数教师以课时为单位推进教学设计及教学活动，教师可以将每节课的重点、教学任务落到实处。但是，这种教学方式最大的不足是割裂了学生所学知识之间的联系，使得学生获取的知识处于孤立状态，学生难以系统全面地把握知识关联，从而影响到系统知识体系的形成，学生的思维发展也会因此受到影响。新课程标准要求教师在课堂教学中注重学生核心素养的培育，而过去的单课时教学活动的弊端会在一定程度上制约学生核心素养的发展，所以需要教师立足于核心素养培育的视角，整合教学内容，实施大单元教学活动，引导学生在大单元学习中系统化地学习应用数学知识，以满足学生核心素养发展需求。本文以"函数的概念及其表示"大单元教学设计路径的探索为例，探讨如何在高中学生核心素养视域下进行大单元的教学设计。

一、高中数学大单元教学的意义

何为"单元"？单元，指将不同的有一定关联的组件、零件或内容组合在一起，使其成为能够发挥独立作用的一个整体。高中数学大单元教学主要是教师在整体思维的引导下，对教材内容进行整合，根据教材内容之间的关联，重构教学单元，在教学整体观的指导下对知识进行有序规划，针对整个教学单元开展教学设计，并根据学生的认知情况选择适宜的教学形式，通过一个单元多个课时的教学组织，让学生系统把握单元知识的内在联系，形成完善的知识体系，以达到提高教学效果的目的。与以往的单课时教学相比，大单元教学设计的优势更加突出。首先是在教学目标上，大单元教学能从整体的高度帮助学生把控学习目标，教师也能从整体上把控单元知识数量及难度，有助于学生整体知识结构及逻辑思维的发展。其次是从教学内容看，大单元教学有助于教师更加系统地把控知识关联，增强了单元内各课时之间的衔接，能减少以往单课时教学造成的知识零散、割裂状况。同时，大单元教学可以帮助教师梳理出教学内容主线，借助数学思维方法对知识点进行提炼、整理，能让学生在学习中深层次地把握知识结构，推动学生高层次思维发展，有利于学生核心素养的培养。

二、核心素养视域下高中数学大单元教学设计策略

（一）确定单元教学内容

高中数学教师在推进大单元教学活动时，首先要做的就是确定大单元教学内容，这样才能为后续的目标设立、教学方案制订提供依据。在实践中，教师需要加强对高中数学教材及新课程标准的研究，要分析教材中章节内容安排情况，并根据新课标对知识的要求来确立单元教学内容。在确定大单元教学内容时，要坚持体现数学学科本质的原则，将单元知识内容看作主线，整合相应的数学思想方法、数学核心素养，构建大单元结构。此外，高中数学教师在确定大单元教学内容时，还应该充分考虑教学实际需求，要结合学生的认知及思维特征来考量大单元教学内容的可操作性，以便学生开展大单元学习活动。

函数是现代数学中最基本的概念，是描述客观世界变化规律的最为基

本的数学语言和工具，在解决实际问题中发挥着重要作用。函数是贯穿高中数学课程的主线。高中阶段函数定义的本质是数集之间的单值对应，并且这种对应关系用抽象的符号 $f(x)$ 表示。定义域、值域和对应关系是函数的三要素，它们是一个不可分割的整体，其中对应关系是函数的灵魂。如果两个函数的对应关系相同，定义域也相同，那么它们就是同一个函数。解析法、列表法和图像法是三种常用的函数表示法。函数的不同表示法是研究函数本身和应用函数模型解决实际问题的需要，也是进一步理解函数概念、深化对具体函数模型的认识的需要。同时，高中所涉及的函数大多可用几种不同的方式表示，因而函数的表示是渗透数形结合思想、培养直观想象素养的重要载体，有着非常重要的意义。分段函数是学生理解起来比较困难，但普遍存在、比较重要的一类函数，通过具体的实例给出分段函数的概念及其表示，并结合其他情境加以应用，能充分彰显分段函数在实际应用中的价值。学生需要在学习中充分了解函数的概念、性质，并且掌握函数的基本应用。

（二）教学要素分析

在进行大单元教学设计时，应有一条知识主线，将一定范围内的概念方法、命题、思想等组织起来，形成知识链条，使无序组合成有序，使结构更加紧密。在课堂教学中采取大单元教学时，应该在确立大单元教学内容后对教学要素展开全面分析。首先，教师要进行教学分析，把握教学内容与前后学段、其他大单元知识之间的关系，了解大单元教学内容所蕴含的核心素养等。其次，教师要开展课程标准分析，结合新课程标准要求把握教学关键方向，以便于教学活动推进。另外，高中数学教师还要做好教材分析、学情分析等工作，其中教材分析主要是对教材内容的编排方式、例题、教材情境、阅读材料等进行把握；学情分析需要教师对学生现有的知识水平、学生认知特点、学生对新知识的学习能力等进行分析，以此为依据确定大单元教学重难点内容，并选择适宜的方式开展大单元教学活动。"函数概念及其表示"这一单元属于函数主题，该主题在高中必修阶段共有52课时，本单元占4课时。本单元的学习，可以帮助学生建立完整的函数概念，使学生不仅把函数理解为刻画变量间依赖关系的数学语言和工具，也把函数理解为与实数集合之间的对应关系。学生在学习本单元内容之前，已经在初中学习过函数的概念，并且知道可以用函数描述变量之间的依赖关系。然而，函数概念本身的表述较为抽象，学生对于动态与静态的认识较为薄弱，对函数概念的本质缺乏一定的认识，这些都给进一步学习函数的图像与性质带来了一定的难度。初中时用运动变化的观点对函数进行定义，虽然这种定义较为直观，但并未完全揭示出函数概念的本质。例如，对于函数 $f(x) = \begin{cases} 1, & \text{当}x\text{是有理数时} \\ 0, & \text{当}x\text{是无理数时} \end{cases}$，如果用运动变化的观点去看它，就不好解释，显得牵强；但如果用集合与对应的观点来解释，就十分自然。因此，用集合与对应的思想来理解函数，对函数概念进行再认识，就很有必要。数学符号具有抽象性，使学生望而却步，从而影响了学生学习数学的积极性。高一学生虽然在初中已经接触了函数的概念，但在重新学习它时还是存在一定的障碍，其中一个原因就是没能真正理解新引进的函数符号"$y=f(x)$"。教师应在教学中有意识地挖掘函数符号的审美因素，以美启真。在本节课的教学过程中，教师应该给学生提供实践动手的机会，为学生创设熟悉的问题情境，引导学生观察、计算、思考，从而理解问题的本质，归纳总结出结论。

（三）编写大单元教学目标

高中数学教师在组织开展大单元教学活动时，还应该结合教学内容编制明确的教学目标。教师需要对单元数学知识的逻辑顺序、相互关系进行充分考虑，并且要综合核心素养要求来设置大单元教学目标。在实践中，高中数学教师要抓好大单元主线，纵观全局，让单元教学目标能切合核心素养培育，让学生在掌握单元知识与技能的过程中实现核心素养发展。

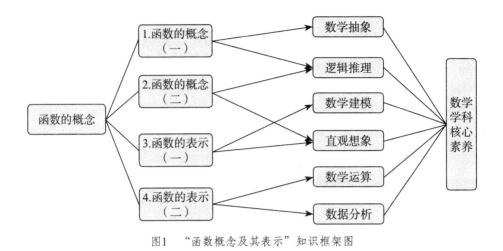

图1 "函数概念及其表示"知识框架图

在教学中，教师不仅要引导学生掌握相应的知识技能，更要在学生学习知识的过程中培育学生的核心素养。例如，教师可以在引导学生学习函数概念的过程中培养学生的数学抽象素养，通过定义域求解培育学生的数学运算素养；在函数性质学习中利用图像直观了解函数图像的变化，并在此过程中培育学生的直观想象、数学运算、逻辑推理等素养；在函数的具体应用中引导学生处理现实问题，深化数学与生活之间的联系。在本单元的教学中，教师可以结合单元主题、单元所属、单元教学内容和学生的具体情况来设置大单元教学目标。

第一，认识函数概念，建立"对应关系说"观点下用集合语言表述的函数概念，理解符号"$y=f(x)$，$x \in A$"。

第二，在理解函数概念的基础上，了解构成函数的三要素；理解相同函数的含义，掌握相同函数的判定步骤。

第三，了解函数常见的表示法及其综合应用，借助几何直观，能准确地利用数学语言表达函数形式；强化学生直观想象、逻辑推理与数学运算素养；理解分段函数的概念及表示。

第四，在解决实际问题时，能确定其中的函数关系，并能选择恰当的方法将其表示出来。

第五，在函数概念的建立过程中，经历从具体到一般的概念形成过程，提升数学抽象素养；在分段函数的简单应用过程中，体会分类讨论思想；在解决具体的实际问题过程中，理解函数图像的作用，体会数形结合思想，提升直观想象素养。

（四）单元课时安排

在大单元教学中，课时安排应该从整个单元教学的角度进行，要关注大单元教学的整体性。在整体框架下对大单元教学内容进行细分，将内容划分成不同阶段，每个阶段安排一定的课时，实现单元宏观向课时微观的转变。高中数学教师在设计单元课时教学顺序时，要考虑到单元整体内容与前后知识点的关联，又要关注到单元中各课时的关联。函数是贯穿高中数学课程的主线，在解决实际问题中发挥着重要作用。

在"函数的概念及其表示"大单元教学中，教师可以分四个课时完成本单元的教学：第一课时安排函数概念$y=f(x)$的理解与深化，以及函数三要素教学；第二课时安排函数三要素的深化教学；第三课时安排函数的表示教学；第四课时则指引学生完成单元知识综合性训练，巩固所学知识，增强学生应用知识的灵活性。

三、总结

总而言之，高中数学教师在今后的课堂教学中，必须结合新课程标准的要求，从培育学生核心素养的角度入手，对课堂教学内容进行全面整合，明确大单元教学内容，设置大单元教学目标，并且要采取多元化的方式来推进大单元教学活动，让学生能更加细致、全面、系统地学习数学知识，强化对学生核心素养的培养，为学生综合发展奠定基础。

参考文献：

[1]陈皓璇.核心素养下高中数学单元教学设计的研究［J］.数学学习与研究，2021（13）：109–110.

［2］徐再友.核心素养下高中数学单元主题教学设计的探讨［J］.数学学习与研究，2021（13）：107-108.

［3］李院德.基于学科核心素养的高中数学单元教学设计研究［J］.中学数学教学，2021（6）：24-29.

［4］孙亚男.核心素养视域下高中数学单元化教学设计策略［J］.基础教育论坛，2022（7）：49-50.

［5］丁伟.核心素养下的高中数学单元教学设计研究［J］.数学学习与研究，2021（15）：60-61.

［6］何习川.基于数学核心素养的高中数学单元教学设计分析［J］.时代教育：下旬，2021（11）：104-105.

中华体育精神融入啦啦操教学活动设计

柳州市柳江中学　梁小烨

一、中华体育精神

体育不仅是一种身体活动，还是一种教育手段、一种精神载体，是培养强健体魄、塑造健全人格、促进人全面发展的有效途径。早在1917年，毛泽东就提出了"体育之效，至于强筋骨，因而增知识，因而调感情，因而强意志"的著名论断。2013年8月31日，中华人民共和国主席习近平在会见全国体育先进单位和先进个人代表等时强调："广大体育工作者在长期实践中总结出的以'为国争光、无私奉献、科学求实、遵纪守法、团结协作、顽强拼搏'为主要内容的中华体育精神来之不易，弥足珍贵，要继承创新、发扬光大。"回首中国体坛的那些璀璨时刻：容国团获得新中国第一个世界冠军、许海峰在洛杉矶奥运会上获得新中国第一枚奥运会金牌、中国女排"五连冠"壮举、北京奥运会及冬奥会的成功举办，无不蕴含着以"为国争光、无私奉献、科学求实、遵纪守法、团结协作、顽强拼搏"为主要内容的中华体育精神。

二、中华体育精神融入啦啦操的课程设计

首先，在课程目标的设计中，穿插融入体育运动中的爱国主义、集体主义和拼搏精神的教育，宣扬中华体育精神。其次，在教学方案的制订中，要

在练习技术动作的过程中，设计相关教学比赛，直观地了解和认识中华体育精神。

为国争光——增强学生的爱国情怀

无私奉献——提升学生的集体主义、奉献精神

科学求实——强调动作的精准化和求实性

遵纪守法——培养学生的规则意识

团结协作——培养学生的协同意识和互助精神

顽强拼搏——培养学生的顽强拼搏、吃苦耐劳精神

三、中华体育精神融入啦啦操的教学实践

这是一个信息飞速发展的时代，在中学生不能带手机入校及室外体育课堂信息技术设备不太完善的情况下，应该如何积极推进体育精神融入传统课堂和创新课堂模式呢？雨天在室内上课时，我们的教学转变成线上线下混合式教学，教师可以引导学生学习啦啦操发展史，观看系列纪录片、国际比赛视频等，让学生思考高水平运动员技术动作的发力与完成度，并让学生感受比赛的氛围，拓宽视野。线下则采用整体教学、分组教学、小组展示、小组互评等方式带入中华体育精神，将中华体育精神教育在各项教学任务中进行落实。

整体教学——体现班级的统一性

分组教学——以学生自我发展为核心实现互帮互助精神

分组展示——充分发挥学生的想象力，让学生自信、大方地表现自我

小组互评——实现课堂以学生为主，提高学生的主人翁意识，充分调动学生参与的积极性

相对于传统教学模式，线上线下相结合的教学模式是以学生为中心，由以知识传授为主体转变为以知识吸收为主体，激发学生学习的积极性和主动性，培养学生的自主学习和独立思考的能力，在啦啦操实验课教学中无声地融入体育精神元素，加强综合素质人才培养。

在没有融入中华体育精神的啦啦操教学课程中，部分学生只是按部就班地完成教师布置的任务。由于自身并不擅长运动，或者是选课时没有选到自己喜欢的课程，再轻松的体育课也提不起这部分同学的兴趣。但坚持到底、永不言弃、团结协作等体育精神的融入具有很强的感染力，让学生感受到体育不只是体育锻炼和竞技比赛，还有着深刻的精神内涵，从而在面对挫折和困难时学会勇于面对、直面挑战。体育精神的融入能改变学生的体育风貌，也有助于体育教学实现其本质意义和价值，让学生在锻炼身体的同时树立正确的人生观、价值观。

四、课后评价与反馈

反馈与评价是促进课程教学不断进步的重要途径。教师通过课后学生对课堂的评价及时掌握学生学习情况，寻找教学过程中存在的不足，并加以修正。

五、课后反思

经过近一个学期线上线下啦啦操课程融入中华体育精神的实践，学生对中华体育精神有了更深刻的理解，并能够将其融入课堂练习和比赛过程中，展现出了新时代青年学生应有的积极向上的面貌。但是，在教学过程中仍有一些不足之处值得我们反思。

（一）教师应树立课程思政育人理念

教师应充分认识思政教育的重要性，打破长期以来的思想政治教育与专业教育相互隔绝的壁垒，利用好课堂育人主渠道，推动专业课程与思政课程同向同行，形成协同效应，构建全员全程全方位育人大格局。

（二）增强教师自身思想政治文化水平

教师需要掌握大量思政知识，这样才能教育学生。课程思政不是简单地在"课程"的身体上披上"思政"的外衣，不能生搬硬套地将两者相加，而是要在课程中有机融入思政元素，做到润物细无声。因此，教师需要掌握大量的思政素材，将思政元素与专业教学融合在一起。

（三）加强教师课程思政能力建设

课程思政能力是一种综合育人能力，对思政元素的挖掘能力和对教学的组织能力是全面提升教师课程思政能力的关键所在，需不断通过线上、线下的学习提升教师课程思政能力。

六、结语

将中华体育精神融入啦啦操课程实践教学中，在原有的教学模式上进行创新，丰富课堂形式，加强实践力度，让学生在学习啦啦操的过程中感悟中华体育精神的魅力，体验中华体育精神的成果，在提升运动技能的同时树立正确的人生观、价值观。

参考文献：

［1］金正梅.现代体育精神在高校体育教学中的应用［J］.西南农业大学学报（社会科学版），2012，10（9）：236-237.

［2］张勇，张锐.对体育教学中体育精神培养的探讨［J］.北京体育大学学报，2003（3）：385-386.

［3］吕晓标，程正良.论体育精神在体育教学中的培养［J］.上海理工大学学报：社会科学版，2004，26（2）：49-50，73.

"三新"改革背景下高中物理教学改革浅谈

柳州市柳江中学　蒲碧战

新课程标准明确指出，要不断加强学生对基础知识的学习，并提升他们的综合素养。随着新课程改革的逐渐完善，高中物理教师应该致力于课堂教学的创新，力求通过高中物理教学改革促进学生的健康成长。教师在开展物理教学期间应适当改变教学思想，引进新的教学方法，予以学生一定的鼓励，让他们在实践过程中学习物理基础知识、树立物理观念，让学生自觉地在日常生活中探索物理基础知识，帮助自己更好地生活。

一、新课程对物理教学的要求

（一）新的育人理念

新课程要求高中物理教师及时更新自身教学理念，不能停留在以往教授传统基础知识的教学层面上，不能只追求高中学生获得的知识量的多少，应从三维目标向核心素养转变，从教学意识向课堂意识扩展，应该对学生们的主体素养以及个人能力进行培养。基于此，高中物理教师应该践行我国素质教育的理念，促进高中学生的综合发展。

（二）新的教学方法

新课程要求教师不能再"统治"课堂，应该突出学生在教学过程中的主体地位，积极主动"让位"，让学生在课堂中动手尝试、动脑思考，真正让学生在课堂中动起来、乐起来，充分焕发出生命的活力。

新课程要求教师不断完善以及优化学生在课堂中的认知过程，把现代信息技术以及网络技术等多种科技元素充分地渗透进高中物理课堂教学过程中，让学生在亲身体验以及直观思维中进一步调动主观能动性，为课堂教学效益提供强有力的保障。

二、新课程背景下高中物理教学改革的尝试

（一）改革教学过程体现主体性

建构主义者认为，学生才是学习的主体，学生在学习基础知识之前，大脑中已经形成了一定的基础知识框架。学习知识的过程，主要就是把新知识逐渐地内化到学生大脑中，种入已经形成的基础知识体系中的过程。在开展高中物理教学工作的过程中，教师需要重视学生的课堂主体地位。

1. 教师需要在高中物理教学中注重对问题的引导

教授学生科学的探究方法，教师需要把课堂全权交由学生处理。因为他们的思维能力有限，教师要通过问题的方式予以引导，不断地开发学生的思维能力。例如，在利用平抛运动探究动量定理时，学生很难想到如何测量物体的速度，教师可以通过提问的形式，一步一步引导学生发现物体在竖直方向做自由落体运动；两小球运动的时间相等，在水平方向做匀速直线运动，物体水平方向的速度和位移成正比，通过测量位移比代替物体的速度比。

2. 教师可以运用现代化教学手段协助学生分析思考问题

大部分高中生的抽象思维能力比较薄弱，为增强学生学习物理的积极性，教师可以主动利用现代科学技术帮助学生提高抽象思维能力。例如，在运动与合成知识点中，小船渡河问题是学生难以理解的一类题型。船头方向为什么是船的速度方向？学生经常提出这样的疑问。此时，教师的口头解释往往是比较无力的，但是教师可以运用多媒体技术，对小船过河的动画进行展示，引导学生从小船的受力方向分析思考速度方向，进一步帮助学生创建形象的情境。再如，在讲授万有引力定律的应用这节课前，让学生利用现代

网络技术自主查找万有引力定律的应用案例，然后在课堂上分组进行结果分享，这样课堂教学效果会比教师在课堂上直接告诉学生要好很多。

3. 联系日常生活，创建实际教学情境

物理知识来源于实际生活，也应回归日常生活。学生应将物理知识应用到现实生活中去，充分利用物理知识解释生活中的现象。完成知识学习后，教师要及时引导学生寻找该知识点在现实生活中的运用例子，还可以让学生做适当的分析共享，这样既能巩固新学知识，又能大大激发学生的学习兴趣。例如，在学习了速度和加速度后，教师可以让学生思考怎样提高赛跑成绩，或者分析道路限速依据等现实问题。

（二）改革教学氛围体现趣味化

课堂教学的氛围和学生的认知状态以及学习情绪息息相关。基于此，教师应该改革课堂教学的氛围，实现教学氛围的趣味化，予以学生一定的引导，让他们能够自由轻松地参与到物理课堂教学中来。

例如，教师在教授"宇宙航行"这一内容时，由于这节课程主要是讲太空状态下物体的实际运动状况，认知的难度比较大，教师应该在上课前充分运用网络手段为学生提供与卫星发射相关的模拟视频，进一步创建具有趣味性以及科幻的教学氛围。认知情境可以激发学生的发展意识以及学习积极性，最大限度提升学生对课堂学习的注意力，激发他们对航天航空知识学习的兴趣。

再如，教师在教授"自由落体运动"这一内容时，给予学生一定的帮助，让学生在课堂中展开历史回忆活动，然后提出问题，并且找出一名代表为同学们描述一下伽利略自由落体的实验活动。在讲述期间，教师应该适当进行补充说明，让学生能够详细了解比萨斜塔实验。在学完基础知识后，让学生讨论实验究竟如何做，使学生在热烈探讨的过程中，探究自由落体运动中存在的基础知识内容。在开展物理课堂教学工作的过程中，教师需要注重让学生利用身边物体进一步验证实验结论是否正确，让学生敢于质疑，从而对他们的质疑精神进行培养。在高中物理课堂中，教师应该对实验教学予

以重视，通过物理实验器材来完成实验活动，帮助学生探究理解轻重不同物体的下落快慢情况。若学生能利用身边物品自制实验道具进行实验，效果更好。

（三）改革教学评价体现创新性

考试作为高中课堂教学评价的手段，导向作用是毋庸置疑的。新课程标准主要强调"评价在促进高中学生综合发展方面的作用，不强调评价的选拔的功能"，应该从三维目标向核心素养方面转变。教师不仅要做终结性评价，还应该做过程性评价，不仅要有书面考试形式的评价，还应该有动手操作形式的评价。不仅要有教师对学生的评价，还需要有学生的自我评价与学生之间的互相评价等。

三、结论

综上所述，开展素质教育并不是不考虑升学率，而是对课堂教学提出更高的要求。因此，教师应该充分备好课，利用有限的课堂教学时间，让学生吸收到更多的物理基础知识。与此同时，教师需要对学生的学习能力和学习兴趣进行培养，引导学生不仅在课堂中学习物理，也在现实生活中时刻学习和应用物理。

参考文献：

［1］虞晓淑.新课程改革背景下高中物理教学中践行核心素养培养的探讨［J］.高中数理化，2020（14）：50-51.

［2］赵香云.新课程改革背景下高中物理教学中探究式教学方法的应用［J］.高考，2020（10）：8.

［3］杨晓光.基于新课程改革背景下高中物理教学现状及改进策略［J］.求知导刊，2020（1）：21-22.

［4］陈莹.高中物理教学适应新课程改革中存在的若干问题及改进对策［J］.海峡科学，2019（3）：94-96.

［5］卢秀玲，邹丽华. 新课程背景下高中物理教学改革的尝试与反思
［J］. 大连教育学院学报，2009，25（2）：21-22.

［6］陈丽华. 实现学生自我建构知识平台：新课程改革背景下的高中物
理教学的思考与实践［J］. 考试周刊，2008（14）：186-187.

"验证动量定理实验的设计与创新"
教学设计

柳州市柳江中学　吕镜荣

【教材分析】

本节实验课是基于人教版新教材高中物理选修3-5第十六章第六节的内容——"用动量概念表示牛顿第二定律"而设计的。物理学是基于实验的学科，然而在本节课中，教材推导得出动量定理后没有提供演示实验和学生实验，只是简单地从物体受到恒力作用出发，应用牛顿第二定律与运动学公式，推理得出动量定理的表达式；利用微元法描述、定性推理得到变力作用下动量定理依然成立；对动量定理的理解与运用，教材通常借助于生活现象和定性实验：鸡蛋下落到硬地板与海绵垫上等生活现象。这些设计对于验证动量定理来说是缺乏说服力的。

也正因如此，教材给了一线教师广阔的实验思维空间，让广大师生在"验证动量定理实验"的设计中进行了大量的实验探究与实验创新。这激发了广大师生进行实验设计与创新的兴趣，从而促进了高中物理实验教学的发展。

【学情分析】

（一）知识基础

学生已经学习了《动量守恒定律》这一章的基本内容，如动量、冲量、动量定理等，具备了进行本实验所应该具备的基本知识；掌握了物理模型的概念，学习了质点、光滑面等理想化物理模型。

（二）能力基础

学生具备了基本的实验设计的能力，有一定的实验数据分析能力和误差分析能力。

（三）薄弱环节

学生利用基本的物理模型和实验仪器来设计实验的能力较弱，实验误差分析及设计优化方案等方面的能力有待提升。

【解读教材】

（一）核心素养目标

1. 物理观念

（1）建立清晰的冲量、动量的概念，能从物理学的视角描述和解释与动量定理有关的现象，结合物质的运动形成动量观。

（2）掌握用实验装置测速度与测作用力冲量的方法。

2. 科学思维

（1）进一步感受将实际问题中的研究对象转换成物理模型的科学思维。

（2）体会在具体的物理情境中对综合性物理问题进行分析和推理的能力。

3. 科学探究

（1）能够在教师的指导和小组合作的基础上制订科学探究方案，掌握设计验证性实验的一般思路和方法。

（2）能够主动交流、反思科学探究过程。

4.科学态度与责任

（1）调动学生学习的积极性，培养学生的学习兴趣。

（2）培养学生的团结合作意识和精神。

（3）培养学生建立物理模型、灵活运用物理模型的科学学习方法，增强学生应用理论知识服务社会的责任感。

（二）教学重难点

重点：理解和验证动量定理$F_合 \Delta t = mv_2 - mv_1$.

难点：动量定理实验的设计与创新。

【实验原理】

多媒体展示：$F_合 \Delta t = mv_2 - mv_1$.

【实验方案】

多媒体展示学习活动内容：

（1）围绕动量定理的内容探讨实验的方法。

（2）引导学生探讨实验需要测哪些物理量，教师应鼓励学生大胆说出自己的观点，并且引导学生向正确的观点靠拢。

学生独立思考，相互讨论交流自己的观点。

生1：通过小车轨道进行探究。

生2：只要证明公式的左边和右边相等即可，因此实验要测F、m、v和t。

师：提出问题：我们通常通过什么样的方法对上述物理量进行测量？

生：学生思考讨论，发表自己的观点。

生1：利用光电门测时间，利用光电门还可以测瞬时速度，并通过数据采集系统进行采集。

生2：质量用天平进行测量。

生3：测量力可用力传感器。

生4：拉力可参照验证牛顿第二定律的方法，通过定滑轮用重物拉。

设计意图：给学生自由思考的空间，培养其科学探究的能力和科学思维。

教师对学生的观点进行点评和肯定。

学生认真记笔记。

设计意图：明确讨论结果，对同学们的观点予以肯定和表扬。

【实验仪器】

实验一：朗威光电门传感器2个、多用力学轨道及附件、含挡光片的小车、天平、毫米刻度尺。实验装置如图1所示。

图1　实验一实验装置图

实验二：朗威力传感器（LW-F801）、光电门传感器（LW-F851）、多用力学轨道及附件（LW-Q730）、计算机。实验装置如图2所示（配套软件：朗威DISLab数据采集系统）。

图2　实验二实验装置图

【设计创新】

（一）实验设计思路

基于教材，笔者的教学设计将引导学生从如下四个方面展开：

（1）利用实验一验证恒力作用下的动量定理，使学生观察、体会实验的魅力，接着用数据说话，从而达到真正培养学生实验能力的目的。

（2）利用实验二验证变力作用下的动量定理，使学生进一步认识、理解动量定理。

（3）通过实验三探究摩擦力对实验一的影响，主要观察摩擦力变化对实验的影响，从而进一步理解实验误差的来源，得出实验结论。

（4）通过实验四探究摩擦力对实验二的影响，从而进一步理解实验误差的来源，得出实验结论。

（二）实验创新

（1）利用数字化的实验设备进行该实验。

（2）利用数字化的软件DISLab处理实验数据。

（3）从验证动量定理到分析误差及探究实验误差主要原因为"摩擦力"的过程衔接自然，整个实验环节完整。实验设计突出对物理建模能力的培养，在实验分析方面采用逆向思维处理实验数据，使学生更加深刻地理解动量定理和体会实验探究的魅力。

（4）从恒力作用到变力作用验证了动量守恒定理，使学生更深入地理解动量定理。

（5）利用实验数据直观理解动量定理的矢量性，从而使学生明白在使用动量定理时要事先选定正方向。

【解读方法】

教学方法：优化设计问题情境，精准引导学生打开思路，达成目标。

学习方法：在教师的引导下，自主学习、分组讨论、合作探究，动耳听、动口议、动脑思、动手做。

【教学过程】

实验一：利用多用力学导轨验证恒力作用下的动量定理

（一）实验仪器

教师通过多媒体展示实验装置并介绍实验仪器的功能、操作方法及朗威DISLab数据采集软件的应用，如图1所示。

（1）学生跟随教师的介绍观察实验仪器，学习仪器的功能及操作方法。

（2）学生安装实验仪器。

（3）学生打开计算机了解软件的界面及相关功能。

设计意图：练习实验操作，培养学生实验探究的能力。

（二）实验操作

展示实验操作步骤，学生按照操作步骤进行实验操作：

（1）平衡摩擦力，垫高轨道一端，直到小车通过两个光电门的时间几乎相等。

（2）调整定滑轮，使细绳与轨道平行。

（3）将小车与细绳跨过定滑轮，静止释放小车。

（4）记录实验数据（小车通过光电门1的时间t_1，小车通过光电门2的时间t_2，以及小车通过光电门1、光电门2之间的时间）。

（5）重复步骤（3）、（4）4次，记录数据。

（6）将记录好的数据填入提前设置好的表格。

（三）数据处理

（1）根据实验数据，计算得到拉力冲量、小车动量变化量以及两者之间的差值，同时分析误差。

（2）根据差值以及误差的大小，得到实验结论。

实验二：利用多用力学导轨验证变力作用下的动量定理

（一）实验原理

教师提出疑问：在变力情形下，动量定理成立吗？具体的实验方案如何设计？

（1）在变力情况下，可以通过朗威DISLab数据采集软件进行数据采集，并作出F-t图，图像的面积则为变力在该过程中的冲量。

（2）可以通过朗威DISLab数据采集软件进行数据采集，并通过简单编程计算获得动量的变化量。

学生认真听课并围绕教师的讲解和实验仪器认真观察思考。

● 单机"选择区域"，选择小车与力传感器碰撞过程中的F-t图线，得到相应的面积值，即冲量的大小。

● 比较 P 与 I 的大小，总结实验结论。

设计意图：让学生明确实验目的和原理，形成正确的物理观念。

（二）实验仪器

教师展示并介绍实验仪器的功能、操作方法及朗威DISLab数据采集软件的应用。

学生跟随教师的介绍观察实验仪器，学习仪器的功能及操作方法，如图3所示。

图3　学生观察实验仪器

设计意图：培养学生利用现有仪器设计实验证明物理规律的科学探究能力。

（三）实验操作

教师展示实验的步骤，并引导学生按照实验的步骤动手操作，安装实验仪器，应用朗威DISLab数据采集软件进行数据的采集和分析。

（四）数据处理

（1）根据图4实验数据，计算得到拉力冲量、小车动量变化量以及两者之间的差值，同时分析误差。

（2）根据差值以及误差的大小，得到实验结论：在实验误差允许范围内，验证了变力情形下的动量定理。

	小车质量	挡光片宽度	弹力冲量	动量变化量	差值	误差比例	平均值
	0.1	0.02	0.141	0.139	0.002	1.439%	
1	0.1	0.02	0.117	0.118	0.001	0.847%	1.062%
	0.1	0.02	0.11	0.111	0.001	0.901%	

图4　动量定理数据处理与分析

设计意图：学生通过数据分析得出结论，培养了学生的科学思维、科学探究能力与科学态度。

实验三：探究摩擦力对实验一的影响

（一）实验操作

在以上两个验证实验中，实际上摩擦力一直存在，要探究摩擦力对实验的影响。

（1）展示实验的步骤。

（2）引导学生按照实验的步骤动手操作，安装实验仪器，应用朗威DISLab数据采集软件进行数据的采集和分析。

（3）引导学生实验验证并探究：逐渐改变摩擦力，探究摩擦力对实验数据的影响，并寻找其中的规律。如图5所示。

图5　学生动手安装并操作仪器

设计意图：学生合作探究，亲身体验实验的过程，感知实验的魅力，提高了学生的学习兴趣以及团结合作的意识和精神，培养了学生科学探究的学科素养。

（二）数据处理

师：请同学们思考，在不平衡甚至增加摩擦力的情况下，实验数据会怎样变化呢？

生：在教师的引导下进行增加摩擦力的实验，采集的数据如图6所示。

	t1	t2	t12	v1	v2	F	I	ΔP	误差
增加摩擦力，轨道水平放置情形1	0.050	0.027	0.741	0.400	0.752	0.110	0.081	0.069	1.246%
	0.054	0.027	0.771	0.370	0.739	0.110	0.085	0.072	1.253%
	0.051	0.027	0.745	0.395	0.753	0.110	0.082	0.070	1.189%
	0.050	0.027	0.739	0.401	0.753	0.110	0.081	0.069	1.227%
增加摩擦力，轨道水平放置情形2	0.066	0.034	0.958	0.304	0.589	0.110	0.105	0.084	2.183%
	0.072	0.035	0.999	0.278	0.576	0.110	0.110	0.087	2.280%
	0.063	0.033	0.937	0.315	0.598	0.110	0.103	0.083	2.013%
	0.064	0.034	0.946	0.310	0.594	0.110	0.104	0.083	2.081%
增加摩擦力，轨道水平放置情形3	0.096	0.047	1.377	0.208	0.424	0.110	0.151	0.106	4.561%
	0.086	0.046	1.303	0.233	0.437	0.110	0.143	0.099	4.398%
	0.098	0.048	1.399	0.204	0.418	0.110	0.154	0.105	4.922%
	0.095	0.048	1.384	0.210	0.421	0.110	0.152	0.103	4.881%

图6　摩擦力实验的采集数据

师：对学生总结的结论进行总结提炼，并进行展示："小车所受的摩擦力的冲量越小，小车所受合力的冲量就越接近细绳拉力的冲量，拉力的冲量与小车动量变化的差值就越小，从而验证动量定理。"

生：说明小车所受摩擦力的冲量越小，小车所受合力的冲量就越接近细绳拉力的冲量，拉力的冲量与动量变化的差值就越小。

生：如果没有摩擦，则差值为0，此时为理想化模型情形。

设计意图：培养学生发现问题并努力解决问题的科学探究精神和严谨的科学态度。

实验四：探究摩擦力对实验二的影响

（一）实验操作

进一步探究摩擦力对实验二的影响。

师：请同学们思考，在不平衡甚至增加摩擦力的情况下，实验数据会怎样变化呢？

教师指导学生进行实验。

生：在教师的引导下进行增加摩擦力的实验，采集的数据及数据的分析如图7所示。

	小车质量	挡光片宽度	弹力冲量	动量变化量	差值	误差比例	平均值
	0.1	0.02	0.141	0.139	0.002	1.439%	
1	0.1	0.02	0.117	0.118	0.001	0.847%	1.062%
	0.1	0.02	0.11	0.111	0.001	0.901%	

	小车质量	挡光片宽度	弹力冲量	动量变化量	差值	误差比例	平均值
	0.2	0.02	0.165	0.174	0.009	5.172%	
2	0.2	0.02	0.209	0.218	0.009	4.128%	4.740%
	0.2	0.02	0.174	0.183	0.009	4.918%	

	小车质量	挡光片宽度	弹力冲量	动量变化量	差值	误差比例	平均值
	0.298	0.02	0.284	0.296	0.012	4.054%	
3	0.298	0.02	0.341	0.355	0.014	3.944%	3.856%
	0.298	0.02	0.378	0.392	0.014	3.571%	

	0.398	0.02	0.221	0.228	0.007	3.070%	
4	0.398	0.02	0.250	0.257	0.007	2.724%	2.530%
	0.398	0.02	0.328	0.334	0.006	1.796%	
	0.498	0.02	0.284	0.283	0.001	0.353%	
5	0.498	0.02	0.323	0.322	0.001	0.311%	0.299%
	0.498	0.02	0.429	0.428	0.001	0.234%	

图7 增加摩擦力实验采集的数据

（二）数据处理

师：继续增大质量后，小车运动过程受到的摩擦力冲量变大了，差值变大而误差却变小了，为什么？

学生围绕着教师提出的问题进行思考和讨论。

教师对图7的数据进行分析和解释，并对最后的结论进行总结和展示："小车质量变大，惯性增大，小车与力传感器的作用力就更大，作用时间更长，冲量更大。两者之间差距较大，差值与误差均变小了。"

设计意图：培养学生发现问题并努力解决问题的科学探究精神和严谨的科学态度。

【教学反思】

本节课的设计突破了传统思维习惯，应用了现代技术支持下的实验仪器及分析系统，在教学方式上采用了师生合作探究，由学生自主设计实验步骤及方案、验证原理的新型教学模式。整节课渗透着探究型实验的思想，有效培养了学生的物理学科核心素养，并使学生从中体会实验设计的艰辛和乐趣，感悟科学实验的本质和价值，从而使学生形成科学的情感、态度与价值观。本节课的理念非常符合新时代的教育思想，符合新高考的要求，符合学生的认知发展规律，是可以推广和应用的。

1. 本节课的优点

第一，通过恒力情形与变力情形验证和探究动量定理，使学生对动量定理的认识和理解更加深刻。

第二，用实验数据说话，使学生更加直观、深刻地体会动量定理的矢量性。

第三，通过实验探究，培养学生用辩证、发展的眼光看待事物，培养学生求真、求实的科学态度。

第四，通过两个实验数据的分析，培养学生严谨的科学思维。

2. 本节课的不足之处

第一，实验过程较多，数据采集相对复杂，需要学生认真实验。

第二，在实验中没有办法测量小车所受所有力的冲量。

总之，本节实验课带领学生从实验验证到实验探究，真正培养了学生的物理学科核心素养，提高了学生的探究能力、创新能力、建模能力以及合作能力。因此，这是一节较好的物理实验课。

气体的制备实验创新教学在高三复习课中的实施

柳州市柳江中学 刘黎丽

一、提出问题

化学是一门以实验为基础的学科，实验题一直是高考试卷中的重要题型。而由于学校实验设施有限，以及长久以来形成的固有观念，学校在高一、高二阶段会因为进度等各种问题忽略学生动手实验的教学，有的学校甚至会利用实验视频的播放来代替课堂演示实验，从而大大降低了学生对实验的感知能力，以至于进入高三复习阶段，学生对高一、高二教材内容中最简单的实验现象都没有印象，更遑论实验操作和实验现象等的描述。针对这一系列问题，在高三复习阶段的后期，我们带领学生回归课本实验，并通过对高考实验题型的综合整理、常考考点的归纳，对比课本实验，找出高考题源于课本又高于课本之处，分析实验的创新点，逐步引导学生形成正确的解题思路，进行某些题型的思维建模，从而达到提升学生进行化学实验的综合能力的目的。

二、提出方案

（一）近五年全国Ⅲ卷以及2021年全国甲卷高考化学实验题类型对比分析

化学备课组成员和课题组成员积极配合，充分利用学校每周两次的备课组会议，对历年高考实验题考点进行综合分析。整理结果见表1、表2。

表1　近五年实验选择题考点统计表

年份选项	2021年	2020年	2019年	2018年	2017年
A	制备氨气	H_2S与HCl的实验原理	制备次氯酸	加速制备H_2	滴定操作
B	制备NO_2	HCl与稀氨水的实验原理	加快氧气生成速率的方法	HCl滴定$NaHCO_3$实验指示剂的选择	清洗I_2
C	制备硫化氢	NO与稀H_2SO_4的实验原理	除去乙酸乙酯中的乙酸	焰色反应检验Na^+	pH试纸测醋酸钠pH
D	制备氧气	CO_2与$NaHCO_3$的实验原理	制备SO_2	圆底烧瓶的使用	配置高锰酸钾溶液

表2　近五年实验综合题考点统计表

年份内容	2021年	2020年	2019年	2018年	2017年
背景	制备胆矾并测定结晶水含量	制备$KClO_3$和NaClO，探究性质	制备阿司匹林	测定硫代硫酸钠的纯度	硫酸亚铁性质探究
考点	仪器名称 书写方程式 加热方法 实验操作 控制pH 煮沸的作用 计算 误差分析	仪器名称 洗气除杂 加热方式选择 书写方程式 操作目的 装置作用 试剂选择 分离、提纯 性质探究	加热方式选择 仪器识别和仪器名称 操作目的 试剂作用 分离、提纯 产率计算	试剂选择 实验现象描述 实验操作描述 溶液配制步骤（仪器名称） 滴定终点描述 纯度计算	实验结论描述 仪器名称 实验操作步骤排序 实验计算 误差分析 试剂选择 实验现象描述 书写方程式

通过表1发现，在近五年的实验选择题中，2019年是一个分水岭。2019

年实验题的考查范围较为广泛，前三个选项考查制备和操作，D选项出现了制备气体。而2019年之前的两年集中考查操作，2020年、2021年连续两年考查了气体的相关知识，2021年考查了气体的制备原理，2020年将气体性质与喷泉实验结合起来。整体来说，实验题基本都源于课本，又在某个选项中出现了变动。

通过表2发现，近三年集中考查物质的制备类实验，仪器名称、加热方式、物质分离与提纯属于常考考点，对于不同的物质的制备，出现了相同的设问，中间的异同恰是我们实验的细则之处，需要正确区分与有效辨别，需要我们在专题复习中结合具体实例，通过课本实验引出各自的原理，并加以区分，从而达到有效复习的目的，这也是我们的初衷。

我们以2021年全国甲卷的实验选择题为例，开展具体的探究式复习课。

例1：（2021年全国卷甲卷）见表3，实验室制备下列气体的方法可行的是（　　）．

表3　制备气体的方法

选项	气体	方法
A	氨气	加热氯化铵固体
B	二氧化氮	将铝片加到冷浓硝酸中
C	硫化氢	向硫化钠固体滴加浓硫酸
D	氧气	加热氯酸钾和二氧化锰的混合物

A. A　　　　　　　B. B　　　　　　　C. C　　　　　　　D. D

（二）核心素养指引下的体验式教学策略

1. 基于化学观念的"思维体验"

（1）提出问题

师：初中、高中阶段，我们一共学习了几种气体的制备？它们的制备原理分别是什么？

师：制备气体的基本实验装置是什么？

师：不同的气体，制备原理不同，性质也不同，所以制备气体的各套仪器和装置都不尽相同，你能否正确选择仪器并组装？

2. 学生根据所学知识设计方案——画出实验装置图

师：分组设计实验——画出装置图。

第一小组：制备氨气。

第二小组：制备二氧化碳气体。

第三小组：制备氯气。

第四小组：制备氧气。

3. 学生相互评价实验方案——对装置图进行评价

学生画的实验装置图如图1所示。

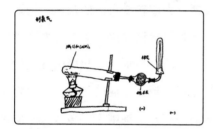
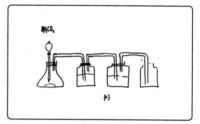
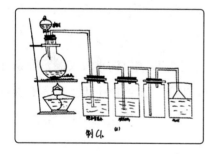

图1　学生画的实验装置图

4. 头脑风暴——继续设计其他方案并评价

师：将二氧化碳改为二氧化硫，如何创新与改进实验？制备硫化氢气体，选用第几组的装置更妥当？需要做何改进？

生：硫化氢气体的制备：发生装置——固液不加热装置，可选用氨气的发生装置；净化装置——先通入饱和硫氢化钠溶液除去氯化氢，后利用无水氯化钙粉末干燥；收集装置——向上排空气法，可选用收集二氧化碳或氧气的装置。

5. 基于科学探究的"操作体验"

（1）利用学校多媒体设备——希沃白板5里面的学科工具进行仪器组装，并进行评价。

（2）分组实验——仪器组装，基本操作流程。

（3）点评操作。

（三）对"制备气体类"实验教学的反思

1. 培养学生的创新意识

结合课本，融合实验，使学生在实验中发现问题，解决问题。在新课程理念下，在核心素养目标的引领下，教师首先应转变自己的观念，把课堂时间还给学生。特别是高三的复习阶段，教师更应该少讲，应充分发挥学生的主观能动性，让学生学会自主归纳、主动实验。教师应该积极改变实验复习的呈现过程，不局限于"图片式"实验复习，越到后面的阶段，越要将实验仪器归还到学生手里。同时，对于答案的公布，不局限于参考答案，应该多鼓励学生开放思维，答案合理即可。

2. 开发实验渠道，组织学生探究，使之成为"操作师"

动手时必然动脑，对于后面阶段中学生难以理解的常规实验，在条件允许的情况下，教师可向学校申请课后自习时间，组织学生再次进入实验室，进行"体验式复习"。特别是在学生经历了各种不同题型的"轰炸"的情况下，可以安排学生从所做过的实验题中选取具有代表性的题目，提前写好实验报告，然后安排学生进入实验室亲身体验实验过程。经历科学探究过程后，学生能从中体会到发现问题、解决问题、成功的乐趣。

化学离不开实验，学生"亲力亲为"才能形成求真务实的科学态度、领悟化学学科的魅力、感悟化学变化的真谛。

"巩固党的执政地位"教学设计

柳州市柳江中学　梁艳兰

【教材分析】

本课内容位于新课标统编版高中思想政治必修3《政治与法治》第一单元"中国共产党的领导"第三课"坚持和加强党的全面领导""巩固党的执政地位"。其课标要求为：阐述中国共产党依宪执政、依法执政的道理、方式和表现。统编版高中思想政治必修3以"坚持党的领导、人民当家作主与依法治国的有机统一"为主线贯穿全书，第一单元着重讲述"中国共产党的领导"，且以为什么坚持党的领导、怎样坚持和加强党的全面领导为逻辑展开。本框题分两目阐述如何巩固党的执政地位，第一目为"坚持全面从严治党"，阐明了从严治党的原因、新时代党的建设总要求、如何做到全面从严治党；第二目为"坚持科学执政、民主执政、依法执政"，阐述了科学执政、民主执政、依法执政的内涵和三大执政方式之间的关系。

【学情分析】

高一年级学生经过一个多学期的学习，具备了逻辑思维能力、探究能力与合作能力、一定的信息收集和筛选能力、阅读能力、语言表达能力。学生通过对党的相关知识的学习和自身的生活体验，对党的执政地位的确立，党的性质宗旨、执政理念、奋斗目标、领导方式等有了明确的认知。高一学生对党内存在的腐败等问题存在认识上的偏差，不能全面正确地看待，且对于加强党的建设、完善党的领导有迫切的要求。但学生年龄尚小，社会阅历浅，对于具体的做法，特别是对从党的角度去谈党的建设感到茫然。因此，在教学活动中要通过创设探究活动，引导学生通过小组合作的方式发现问题、解决问题。教师要通过"体验式活动型课堂"激发学生的学习兴趣，加深学生对于知识的理解，发挥学生的主动性。

【解读教材】

（一）教学目标

1. 必备知识

（1）党在新时代面临的四大考验、四种风险。

（2）新时代党的建设总要求、核心、基础、关键和要害。

（3）科学执政、民主执政、依法执政的内涵、要求等。

2. 关键能力

（1）辨识与判断：通过分析具体情境，正确判断党在新时代面临的考验和风险。

（2）分析与综合：通过观看视频和阅读课本，综合认识加强党的建设的具体措施。

（3）推理与论证：听完专家对科学执政、民主执政、依法执政的解读后，推断"十四五"规划纲要出台过程中所体现的党的执政方式。

（4）探究与重构：自行构建本节课的思维导图，形成知识体系。

（二）核心素养目标

（1）政治认同：通过探究党的建设和措施，坚定党的领导。

（2）科学精神：正确认识党在新时代面临的考验和风险；遵循中国共产党的执政规律，提高对党执政水平的认识。

（3）法治意识：阐述党依法执政的道理、方式和表现。

（4）公共参与：在社会生活中宣传关于党的知识，为党的建设出力。

（三）教学重难点

重点：坚持全面从严治党的原因、措施。

难点：正确区别科学执政、民主执政和依法执政。

【解读方法】

（一）教学准备

1. 教师准备

（1）了解本教材内容的课程标准，收集相关资料，精心备课。

（2）编写导学案。

（3）制作多媒体课件。

2. 学生准备

（1）预习相关内容，并把在预习中碰到的疑难问题记录下来，以供在课堂上和同学讨论或请教老师。

（2）自主预习，完成导学案填空部分内容，给党写三行情书。

（二）教学方法

自主学习、小组合作探究、课堂展示、教师讲授等。

（三）学习方法

比较法、综合法、分析归纳法、讨论法等。

（四）教学手段

（1）课堂教学模式：议学贯穿型的议题式教学模式。

（2）交互式白板、多媒体等。

【教学过程】

（一）导入

回顾苏共垮台、苏联解体历史。

PPT展示：

苏共垮台、苏联解体的原因。

思考并回答原因、给我们党的启示。

设计意图：以史为鉴，引入课题。

（二）步骤一：介绍议题

本框议题。

介绍议题：

总议题：全面从严治党，提高执政能力。

分议题一：新时代，新挑战，心不能乱。

分议题二：新时代，新征程，行不能止。

整体感知。

设计意图：学生整体感知本节课学习过程，为后续学习做铺垫。

（三）步骤二：讲授新课

1. 第一目：全面从严治党

环节一：

PPT展示新时代党面临的考验和风险的具体案例：

（1）因为执政，所以存在权力的诱惑，容易形成官僚主义、形式主义等。

（2）随着改革开放的深入推进，经济、社会生活出现了许多新情况，如人们的竞争意识、思想活动的多变性增强，对党的依赖减弱。

（3）社会主义市场经济的建立，使我国焕发了前所未有的活力，但也带来了一些负面影响，如"金钱至上""享乐主义""个人主义"等。

（4）西方资本主义国家对我国"西化"和分化的图谋未变，我们党面临的国际大环境和周边环境日趋复杂，如美国借俄乌冲突搅和中国台湾问题、朝鲜半岛局势等。

要求：小组讨论，限时3分钟，记录员做好讨论记录，小组派代表分享本组讨论成果。

教师抛出任务并指导学生完成：

（1）结合课本第29页内容，说说上述情境体现了我们党在新时代面临着哪些考验和危险？

（2）谈谈党面临的这些考验和风险有哪些影响？

提示：可从党、国家、民族、个人等角度分析。

（3）面对上述风险和考验，党应如何加强自身建设？

学生讨论：

（1）自主分析情境，结合课本，阐述党在新时代面临的考验和风险。

（2）发展思维，进一步思考这些风险和考验带来的影响。

（3）小组讨论：面对上述考验和危险，党应如何加强自身建设？请你为加强党的建设提出具体措施。

环节二：

教师播放视频：全面从严治党一直在路上。

学生观看视频，结合课本内容，总结党的建设的总要求和推进党的建设向纵深发展的具体措施。

指导学生回归课本总结知识。

设计意图： 以真实、具体的情境为依托，设计问题链，不断追问，学生通过自主分析、追问思考、同伴互助、阅读教材、表达分享等，逐步加深对党的认识，提高辨识能力、分析能力、综合能力。

2. 议学结论

（1）坚持全面从严治党的原因

① 勇于自我革命是中国共产党区别于其他政党的显著标志。

② 在新的形势下，党面临的执政考验、改革开放考验、市场经济考验、外部环境考验是长期的、复杂的、严峻的。

③ 精神懈怠危险、能力不足危险、脱离群众危险、消极腐败危险更加尖锐地摆在全党面前。

④ 全面从严治党是推进党的建设新的伟大工程的必然要求。

⑤ 治国必先治党，治党务必从严。坚持党要管党、全面从严治党是党的建设的一贯方针和要求，关系党的先进性、纯洁性，关系人心向背，关系

国家和民族的兴衰，关系党的生死存亡。

⑥有利于坚持和完善党的领导，保持和巩固党的执政地位。

（2）坚持全面从严治党的措施

①新时代党的建设总要求，如图1所示。

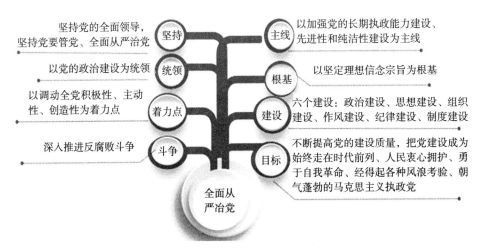

坚持党的全面领导、坚持党要管党、全面从严治党 —— **坚持**

主线 —— 以加强党的长期执政能力建设、先进性和纯洁性建设为主线

以党的政治建设为统领 —— **统领**

根基 —— 以坚定理想信念宗旨为根基

以调动全党积极性、主动性、创造性为着力点 —— **着力点**

建设 —— 六个建设：政治建设、思想建设、组织建设、作风建设、纪律建设、制度建设

深入推进反腐败斗争 —— **斗争**

目标 —— 不断提高党的建设质量，把党建设成为始终走在时代前列、人民衷心拥护、勇于自我革命、经得起各种风浪考验、朝气蓬勃的马克思主义执政党

全面从严治党

图1　全面从严治党树状图

②加强党的建设，必须推动全面从严治党向纵深发展。

核心：加强党的领导。

基础：全面。

关键：严；要害：治。

设计意图：学生通过知识整合，提高归纳总结的能力。

3. 第二目：坚持科学执政、民主执政、依法执政

环节一：

教师播放视频：专家对党的执政方式的解读。

学生观看视频，结合课本第31页的内容，感悟党科学执政、民主执政、依法执政的内涵及作用。

环节二：

展示情境："十四五"规划纲要出台过程，见表1。

表1 "十四五"规划纲要出台过程表

2020年7月30日	中共中央召开政治局会议，研究制定第十四个五年规划
2020年7—9月	习近平总书记主持召开企业家、经济社会领域专家、科学家、基层代表等专家座谈会，听取社会各界的意见和建议，对我国发展面临的重大问题进行深入研究
2020年8月16—29日	中共中央、国务院及相关部门针对规划开展网上意见征求活动，收到的网民建言超过101.8万条
2020年10月29日	党的十九届五中全会审议通过《中共中央关于制定国民经济和社会发展第十四个五年规划和二〇三五年远景目标的建议》，明确了"十四五"时期到二〇三五年经济社会发展的指导思想、宏伟目标、主要任务和重大举措
2021年3月	"十四五"规划纲要草案提交十三届全国人大四次会议审议讨论通过

抛出任务并指导学生完成：

（1）"十四五"规划的制定过程是如何体现中国共产党执政方式的？

（2）三种执政方式之间有什么关系？

学生结合以上视频和阅读教材相关内容，分析情境，进一步把握科学执政、民主执政和依法执政的区别和联系。

设计意图：学生从视频初体验到结合课本分析情境，推断"十四五"规划纲要出台过程所体现的党的执政方式，认知逐步加深，推理和论证能力得到提高。

4. 议学结论

党的执政方式，见表2。

表2　党的执政方式列表

方式	地位	侧重点	判断技巧	三者关系	目的
科学执政	基本前提	科学性 正确性 按规律执政	涉及"规律"、少犯错误、从实际出发	三者是有机统一的，体现了党的领导、人民当家作主和依法治国的有机统一	不断改进党的领导方式和执政方式；提高党的执政能力；巩固党的领导核心地位和执政地位；保证党和人民有效治理国家；实现党的执政使命
民主执政	本质所在	为谁执政 靠谁执政	涉及"为人民"或采取"民主的方式"		
依法执政	基本方式 基本途径	合法性 领导立法 支持司法 带头守法 保证执法 法治化 规范化	与"法律"有关 特别提醒：支持人民代表大会依法履行职能，使党的主张通过法定程序上升为国家意志，是党依法执政的重要体现		

教师强调重点、易错点；学生做好笔记，加强记忆。

设计意图：以表格的形式呈现知识小结，便于学生区分，提高归纳总结的能力。

（四）步骤三：课堂总结

1. 以"思维导图"的形式归纳总结本课知识

教师引导学生完成本节课的回忆，并根据课堂所学在导学案上的大框架中完成对本课知识的归纳任务。

学生归纳总结，完成导学案上的议学任务。

设计意图：让学生动起来，培养学生良好的归纳习惯和能力。

2. 对本课知识做总结归纳

PPT展示本课思维导图，引导学生对比自己完成的思维导图。

学生反思、补充、完善所做思维导图。

设计意图：培养学生发现问题、解决问题的能力，提升学生的获得感，使其逐步形成学科思维。

（五）步骤四：拓展延伸

三行情书献给党，辞浅情深最绵长。

PPT展示：

中国共产党带领中国人民站起来、富起来、强起来，她始终以人民为中心、始终走在时代前列、始终是中国人民的主心骨。如果让你给党写三行情书，你会写什么呢？

学生与组员分享给党写的"三行情书"，每组精选一份情书与全班同学分享。

设计意图：表达对党的热爱，增强对坚持党的领导的政治认同。

（六）步骤五：巩固提升

课堂检测

（1）党的十九大报告提出了新时代党的建设总要求，高屋建瓴地指明了新时代党的建设目的、方针、主线、总布局的目标。以下说法中正确的是（　　）。

① 目的是坚持和加强党的全面领导

② 指导方针是党要管党、全面从严治党

③ 主线是加强党的组织建设

④ 目标是推进党的政治、思想、组织、作风、纪律建设

A.①②　　　　　B.①③　　　　　C.②③　　　　　D.②④

（2）下列关于党的执政方式的判断中，正确的有（　　）。

① 实事求是、因地制宜、精准扶贫——科学执政

② 党提出编撰《民法典》建议，由全国人大审议通过上升为国家意志——民主执政

③ 中央强调从立法、执法、司法、守法各环节发力保障疫情防控——依法执政

④ 习近平总书记听取基层干部群众对反腐工作的意见和建议——依法执政

A.①③ B.①④ C.②③ D.②④

（3）中国共产党是执政党，党的领导要通过"科学执政、民主执政、依法执政"来体现，对此理解正确的是（ ）。

① 科学执政强调人民群众的历史主体地位

② 民主执政就是要坚持和实现人民当家作主

③ 依法执政就是坚持依法治国，建设社会主义法治国家

④ 科学执政、民主执政、依法执政是党的主要领导方式

A.①② B.②③ C.①④ D.③④

设计意图：查缺补漏，巩固提升。

【板书设计】

> **巩固党的执政地位**
>
> 全面从严治党：原因
>
> 措施
>
> 党的执政方式：科学执政
>
> 民主执政
>
> 依法执政

【教学反思】

（一）成功之处

第一，完成了既定的教学目标和教学任务，教学过程顺畅，学生学习积极性高，课堂轻松活泼。

第二，以苏共垮台、苏联解体引入课题，激发学生兴趣。

第三，紧扣时政，彰显学科特色。

第四，在课堂教学中，始终以学生为主体，合理组织各种教学活动，学生通过分析真实、具体的情境，探寻解决问题的措施，在体验中收获知识、

提升学科素养。

第五，关注全体学生，适时回应、评价学生，及时给予鼓励。

（二）改进方向

第一，提高驾驭课堂的能力，调动好课堂氛围。

第二，巧用课堂生成资源。

"函数的单调性与导数"教学设计

柳州市柳江中学　覃爱秀

【教材分析】

"函数的单调性与导数"是人教版《普通高中课程标准实验教科书数学》选修2-2第一章《导数及其应用》中的内容。本节课的教学内容属于导数的应用，是学生在学习了导数的概念、计算、几何意义的基础上学习的内容。本节课内容的学习与掌握有助于学生深入研究函数的性质，尤其对借助导数知识求解函数单调区间起到了推波助澜的作用。

【学情分析】

学生在高一已经掌握了单调性的定义，并能用定义判定给定区间上函数的单调性，同时学生已经掌握了基本的求导公式和导数的四则运算，对导数有了初步的认识。本节课的学习应使学生体验到用导数判断单调性要比用定义判断便捷得多（尤其对于三次和三次以上的多项式函数，或图像难以画出的函数而言），充分展示导数解决问题的优越性。

【解读教材】

（一）内容目标

导数是微积分的基础，尤其是其中所蕴含的极限的思想，要求学生必须具备非常扎实的数学探究能力。高中数学对学生的要求是具备知识的应用能力即可，并不要求学生应用严格的数学证明方法研究导函数与原函数之间的内在联系。所以，在单调性与导数关系的原理部分，教师在教学的过程中只要能够让学生有一个直观的感受，达到了解的程度即可。

了解了函数与导函数的关系之后，学生就进入了应用结论研究函数单调性的阶段。这时要求学生能够利用结论熟练地求出函数的单调区间，能够深刻地掌握利用导数研究函数单调性的方法，并应用于具体的解决问题的过程中。基于这些考虑，将本节课的教学目标分解为以上几个部分，循序渐进地为学生在课堂上的探究提供必要的线索。

（二）教学目标

（1）通过观看跳水皇后的视频，直观感受跳水运动员运动速度的变化率，初步感知函数的单调性与导数的关系，猜想函数的单调性与导数的关系。

（2）绘制基本函数的图像，并且在图像上做出某点的切线，利用几何画板直接求出斜率。在问题探究和小组讨论的基础上，尝试对斜率的数据进行分析、判断，概括总结函数的单调性与导数正负的关系，感受数形结合、分类讨论和归纳总结的数学思想，培养数据分析、逻辑推理的核心素养。

（3）通过对几个例题进行分析，尝试归纳出导函数图像与原函数图像之间的关系，以及求解函数的单调区间的解题步骤，体会知识的类比迁移、化归、从特殊到一般的数学思想，培养数学运算、直观想象的核心素养。

（4）通过微课提炼总结，准确利用导函数证明函数的单调性，体会知识的正用和逆用以及变用，达到学以致用、知识迁移、能力提升的效果，并且通过与定义法进行比较验证，体现导函数的价值，激发学生学习数学的兴趣。

（三）教学资源

教材资源、网络资源、课堂生成资源、课堂实验。

（四）教学重难点

重点：利用导数研究函数的单调性，会求不超过三次的多项式函数的单调区间。

难点：由基本初等函数的图像抽象出导函数的符号与函数单调性之间的关系。

【解读方法】

（一）教学准备

学生：预习课文，分组学习。

教师：精心备课，熟悉教材，收集资料，制作课件。

（二）教学方法

小组实验探究教学法、讲授法。

（三）学习方法

自主探究法、小组合作学习法、总结反思归纳法。

（四）教学手段

多媒体与传统教学相结合。

【教学过程】

（一）学习目标

（1）根据视频以及四个基本函数的图像归纳总结函数的单调性与导数的关系。

（2）准确利用导数判断函数的单调性进而求解函数的单调区间。

（3）正确利用导数的正负证明函数的单调性。

教师展示并分析学习目标。

学生思考。

设计意图：对本节课的内容有一个宏观的认识。

（二）创设情境、引出课题

观察运动员跳水的视频，欣赏运动员跳水动作的优美，感受运动员跳水轨迹的优美。

探究1：（课本第22页观察部分）图1表示高台跳水运动员的高度h随时间t变化的函数$h(t)=-4.9t^2+6.5t+10$，图2表示高台跳水运动员的速度v随时间t变化的函数$h'(t)=-9.8t^2+6.5$，请问运动员从起跳到最高点，以及从最高点到入水这两段时间的运动状态有什么区别？

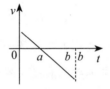

图1　高度h随时间t变化的函数　　图2　速度v随时间t变化的函数

我们发现：

（1）＿＿＿＿＿＿＿＿＿＿＿＿＿＿＿＿＿＿＿＿＿＿＿＿＿＿。

（2）＿＿＿＿＿＿＿＿＿＿＿＿＿＿＿＿＿＿＿＿＿＿＿＿＿＿。

简述跳水运动员的运动曲线与速度的关系。

学生初步了解函数的单调性与导数的关系。

设计意图：创造美的教学情境，让学生感受数学的美。从具体的实际情况出发，通过观看郭晶晶、吴敏霞的跳水视频，理解跳水运动员的运动轨迹，让学生理解数学源于生活、应用于生活，激发学生的探究兴趣，为学生提供一个联想的"源"，巧妙设问，把学习任务转移给学生；让学生完成对函数单调性与导数关系的第一次认识，明确研究的课题，让学生将数学应用于生活，提高学生学习数学的兴趣。

思辨进阶：培养学生的信息提取能力很重要，通过具体的思考和分析，培养学生数学建模、数学抽象的核心素养。

（三）自主探究、合作学习、成果展示

探究2：画出下列函数的图像，探讨函数的单调性与导数正负的关系。

（1）$y=x$　（2）$y=x^2$　　（3）$y=x^3$　　（4）$y=\dfrac{1}{x}$

教师利用几何画板展示四个函数的图像在各点的切线的斜率。

学生自主画出四个函数的图像，并在图像上写出各点的切线方程。

设计意图：学生先思考，画出函数的图像。教师用几何画板画出曲线上任意一点的切线，学生认真观察函数图像上的每一点的切线斜率的正负，检查填写的内容与自己书写的表格是否有差异。

思辨进阶：运用由特殊到一般的思想，归纳出导数的正负与函数单调性的关系，发展学生数学抽象、逻辑推理和数学建模的核心素养。

小结：

（1）函数的单调性与导数的关系：

① _____。

② _____。

（2）用充分必要条件诠释导数与函数单调性的关系，$f'(x)>0$（或$f'(x)<0$）是$f(x)$在区间(a, b)单调递增（或递减）的_____条件，$f'(x)\geqslant 0$（或$f'(x)\leqslant 0$）是$f(x)$在区间(a, b)单调递增（或递减）的_____条件。

教师指出总结的关键点。

学生总结。

设计意图：学生只学习了导数的意义和一些基本运算，对一般情况进行试验验证，由观察、猜想到归纳、总结，让学生体验知识的发现、发生的过程，体现学生的主体地位，运用数形结合、化归的数学思想，提高学生逻辑推理、直观想象的核心素养。

思辨进阶：观看微课是一种新奇的教学方法。微课语言简洁明了，可以与学生自己总结的解题步骤进行对比，使学生感悟知识的形成过程与知识应

该达到的高度，达到对比学习、类比推理的效果，培养学生逻辑推理、数学抽象的核心素养。

（四）变式训练，巩固落实

题型1：函数与导函数图像之间的关系。

例题分析：看课本第24页的例1，完成以下变式训练。

给学生2分钟时间阅读思考题目并完成。

思辨进阶：通过函数与导函数图像之间的关系，分析对比两个图像之间的差异，明白知识的正用与逆用的关系，加深对本节课的理解。

变式1：设$f'(x)$是函数$f(x)$的导函数，$f'(x)$的图像如图3所示，则$y=f(x)$的图像最有可能是（   ）。

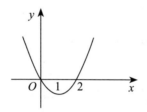

图3　变式1中$f'(x)$函数的图像

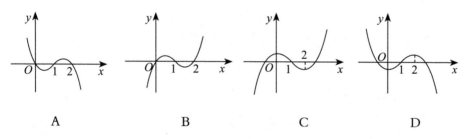

A　　　　　　　B　　　　　　　C　　　　　　　D

变式2：已知函数$f(x)$在定义域内可导，其图像如图4所示，则其导函数$f'(x)$的图像可能为（   ）。

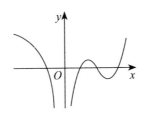

图4 变式2中$f(x)$函数的图像

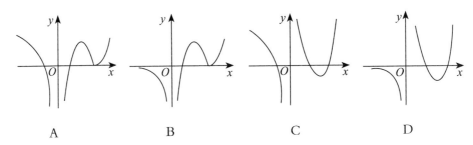

A   B   C   D

教师引导，通过例题分析图像的拐点，找出解题的共性。

学生完成题目。

设计意图：师生互动共同分析函数的图像，让学生直观感知导函数的图像与原函数图像的关系。

思辨进阶：分析后给学生整理的时间，总结与提炼方法，培养学生的观察力、数形结合的数学思想和直观想象的核心素养。

小结：导函数图像与原函数图像相互判断的方法：

（1）已知导函数的图像判断原函数的图像，关键在于_____。

（2）已知原函数的图像判断导函数的图像，关键在于_____。

题型2：运用导函数证明或者求函数的单调区间。

例题分析：看课本第24页的例2，完成（3）（4）小题的填空部分，总结求函数单调性的步骤：

（1）_____。

（2）_____。

（3）_____。

设计意图：一是学生自主完成；二是师生互动共同分析解题思路，完成计算并板书解题过程，师生共同解决本题的解题方法，让学生掌握利用导数解决函数单调区间问题的方法，规范解题步骤；三是关注数学思维的美；四是通过图像让学生掌握数形结合的数学思想，让学生感知图像的直观美，可以根据图像直接写出函数的单调区间。

思辨进阶：通过典型例题，加深学生对运用导数判断函数单调性的理解和运用，发展学生逻辑推理、直观想象、数学抽象和数学运算的核心素养。

当堂练习：课本第26页的练习。

1. 求函数 $f(x)=e^x-x$ 的单调区间。

变式：证明函数 $f(x)=2x^3-6x^2+7$ 在（0，2）内是减函数。

设计意图：培养学生独立完成的意识，通过变式训练，让学生所学的知识得到升华，也让学生感受到函数的单调性与导数在实际问题中的应用。知识形成后的正用和逆用，体现了本节课所学内容的价值，也让学生知道证明函数的单调性知识还有定义法，能够对解题的方法进行比较，在今后的证明题中多一个解题的思路。

思辨进阶：培养学生推理归纳总结、运用新知识，学以致用，提升能力，培养学生数学运算的核心素养。

小结：利用导数证明或者判断函数单调性的步骤：

（1）_____。

（2）_____。

（3）_____。

（五）课时小结

请你写出本节课的收获：_____。

教师给学生相应的时间。

学生写出收获。

设计意图：通过总结，让学生进一步巩固本节课所学内容，提高概括能力。

【板书设计】

函数的单调性与导数

一、函数的单调性与导数的关系

$f'(x)>0$，原函数单调递增

$f'(x)<0$，原函数单调递减

路线：

$f'(x)>0$　　$f(x)$　　↗$f'(x)\geq0$

$f'(x)<0$　　$f(x)$　　↘$f'(x)\leq0$

二、判断原函数与导函数图像的关系

关键点：寻找导函数为0的点，即为原函数的图像的拐点。

三、求解函数单调区间的步骤

（1）求函数的定义域。

（2）令$f'(x)>0$，求解不等式的解集，得到函数的单调增区间；令$f'(x)<0$，求解不等式的解集，得到函数的单调减区间。

（3）下结论（注意单调区间之间只能用逗号或者"和"连接）。

四、证明函数单调性的步骤

（1）求导函数。

（2）求解导函数在指定的区间的函数符号。

（3）下结论。

【教学反思】

（一）成功之处

第一，以教材中的案例——高台跳水为情境，让学生感受数学来源于生活，调动学生学习新知识的积极性，使学生初步了解函数的单调性与导数的关系。

第二，通过一次函数、反比例函数、幂函数所对应的单调区间找出函数的单调性与导函数正负的关系，体现了由特殊到一般、数形结合的数学思想。师生互动、生生互动，让学生通过表格导向，提出问题进而解决问题，时时渗透反思意识和归纳总结提炼的意识，让学生在动口、动手、动脑的活动中掌握知识与方法，总结解题的步骤，激发学生学习的兴趣，培养学生逻辑推理、数学运算的数学素养。

第三，多媒体的使用把抽象的问题简单化、直观化，充分发挥几何画板的优势，直观验证了函数导数的正负与单调性的关系，使学生在函数的图像上有了新的认识，培养了学生数形结合、化归的思想。

第四，设置问题，引导学生思考，通过反馈，使学生真正掌握求解函数的单调区间的步骤，以及利用图像求解函数单调区间。课上及时规范学生的解题步骤，提高了学生学习数学的严谨性。

（二）不足之处和需要改进的地方

由于在探究2中学生总结的时间比较长，时间的把控不够好，在变式训练中没有进行一题多解，学生的思维没有得到发散，知识的应用类型不够全面。

"氯气与水反应的探究"教学设计

柳州市柳江中学　韦　媛

【教材分析】

本节是全章教材的重点之一。氯气不仅仅是卤素中最有代表性的元素，也是最典型的非金属元素。

【学情分析】

（一）知识基础

学生已经学习了化学实验的基本方法、物质的分类、离子反应、氧化还原反应等知识，并且通过《富集在海水中的元素——氯》学习了氯气的物理性质、化学性质和实验室制备氯气等知识点。

（二）能力基础

学生具备了基本的实验操作能力、基本的实验设计能力，具有一定的综合分析问题的能力。

（三）认知方式

认知方式以由感性到理性为主。

（四）薄弱环节

学生在观察实验、记录实验方面不够全面，往往会遗漏信息，分析小结和科学表达能力尚待提高。

【解读教材】

（一）教学目标

1. 知识目标

（1）掌握氯气与水的反应、新制氯水的成分和性质。

（2）能辨析新制氯水和久置氯水。

（3）通过氯气与水反应的探究过程，了解科学探究的一般过程。

2. 能力目标

（1）通过实验指导，学生能提高设计实验的能力和应用所学知识的能力。

（2）通过对氯气与水反应的探究，从中分析现象，探究事物本质，体验科学探究的过程，逐步形成独立思考的能力。

3. 情感、态度与价值观目标

通过对实验现象的观察、实验探究过程，培养学生的科学探究能力、创新意识，使学生体会科学使用化学物质为人类服务。

（二）核心素养目标

1. 证据推理与模型认知

通过对实验现象的观察，引导学生根据现象进行推理，建立证据意识，并根据证据对相关知识进行大胆假设。

2. 实验探究与创新意识

通过对氯气与水反应的探究过程，使学生了解科学探究的一般过程，培养学生的科学探究能力，利用实验改进装置培养学生的创新意识。

3. 科学精神与社会责任

使学生从哲学角度认识物质的两面性，树立辩证地认识化学物质的意识，培养学生勇于探索的精神，使学生能够正确利用化学物质为社会服务。

（三）教学资源

多媒体课件、数字化实验仪器、学生实验仪器、化学软件。

（四）教学重难点

氯气与水的反应，新制氯水的成分。

【解读方法】

（一）教学准备

多媒体课件、数字化实验仪器、学生实验仪器、化学软件下载。

（二）教学方法

小组实验探究教学法、讲授法。

（三）学习方法

实验探究、合作学习、数字化实验、化学软件结合多媒体教学。

（四）教学手段

多媒体与传统教学相结合。

【教学过程】

（一）目标展示

教师用电子白板展示本节课的学习目标。

学生认真阅读本节课学习目标。

设计意图：了解本节课学习目标，明确学习任务。

（二）新课引入

教师播放视频：

新闻中提到游泳馆发生氯气泄漏事件，导致多人呕吐、身体不适等症状。我们知道，氯气是有毒的，而游泳馆需要使用氯气进行杀菌消毒。那么，氯气对于我们人类来说到底是有利还是有弊？相信大家通过这节课的学习会有自己的见解。

学生认真观看视频，倾听。

设计意图：创设情境，激发学生的兴趣。

（三）材料阅读

教师展示一瓶氯水。

电子白板展示氯水相关资料：25℃时，1体积水可溶解约2体积的氯气，氯气的水溶液称为氯水。

教师提问：氯气是一种黄绿色气体，而氯气的水溶液——氯水，是什么颜色的呢？这说明氯水中含有什么分子？

学生回答：氯水是浅黄绿色的溶液，说明氯水中含有氯气分子。

（四）实验探究一

探究氯气与水反应。

教师提问：氯气与水相遇的过程中，究竟是简单的溶解还是发生了化学反应？针对这个问题，你有什么样的看法呢？

学生思考，大胆猜想。

猜想一：氯气与水并未发生反应。

猜想二：部分氯气与水能发生化学反应。

设计意图：提出问题，围绕问题展开探究，得出猜想。

教师演示实验：数字化实验——用电导率探头测量氯气溶于水过程中溶液电导率的变化情况。

学生根据电导率的变化曲线，分析产生该现象的原因，进而得出结论。

学生回答：在氯气溶于水的过程中，溶液的导电能力增强，说明溶液中有自由移动的离子生成。

设计意图：培养学生分析问题的能力。

教师提问：同学们能不能够从元素守恒的角度，分析这个同学提到的自由移动的离子是哪些离子？

学生回答：反应物中有氯气和水，自由移动的离子可能是H^+和Cl^-。

设计意图：培养学生的分析推理能力。

教师请同学们以学习小组为单位，用下列药品设计并交流实验方案，分组进行实验验证，并记录实验现象和分析实验结论。

药品：新制氯水、pH试纸、稀硝酸、硝酸银溶液、碳酸钠溶液。

学生实验：

方案一：向氯水中滴加碳酸氢钠溶液。

方案二：向氯水中滴加硝酸酸化的硝酸银溶液。

方案三：取pH试纸置于玻璃片上，用玻璃棒蘸取氯水点在试纸的中部。

结论：氯气与水反应有H^+和Cl^-生成。

设计意图：增强学生设计实验的能力，培养学生的科学探究精神。

（五）实验探究二

教师提问：刚刚同学们在做实验的时候，发现了一个很奇怪的现象，就是当我们将新制氯水滴在pH试纸上的时候，pH试纸出现了中间白、四周红的异常现象。同学们试着猜想一下产生这个异常现象的原因。

分析：

（1）氯气有强氧化性，使石蕊褪色的物质是不是氯气？

（2）溶液中有盐酸，是不是盐酸使石蕊褪色呢？

（3）我们已经知道，Cl_2与水能发生反应。根据氧化还原的理论分析，Cl_2中氯是0价，而HCl中氯是−1价，则氯气与水反应后还会有含正价氯元素的物质生成。

学生思考、探究、猜想。

猜想一：氯气具有漂白性。

猜想二：盐酸具有漂白性。

猜想三：在氯气溶于水的过程中，生成了某些具有漂白性的新物质。

设计意图：发现问题并提出有探究价值的问题，依据探究目的，引发猜想。

（六）实验探究三

教师指导学生实验，取pH试纸置于玻璃片上，用玻璃棒蘸取盐酸点在试纸的中部。

教师演示实验：

改进实验：在培养皿中加入一定量的氢氧化钠，将一个装有一定量高锰酸钾的玻璃器皿放在培养皿的中部，滴入浓盐酸后，迅速将带有气球的漏斗倒扣在玻璃器皿上方。漏斗内部分别放置润湿的花朵和干燥的花朵，观察花朵颜色变化。

（电子白板同屏展示实验过程）

学生得出实验结论：

（1）盐酸无漂白性。

（2）氯气无漂白性，氯水有漂白性。

小结：氯气与水反应生成了新物质，这个新物质有漂白性。

设计意图：通过对比实验，掌握次氯酸的漂白性质。

（七）自主学习

学习次氯酸的性质。

教师阅读资料卡片：

阅读资料卡片的内容，了解次氯酸的相关性质和用途，并将次氯酸的性质归纳出来，填在导学案中。

学生阅读课本，自主学习，归纳总结。

性质：

① 弱酸性。酸性：$H_2CO_3 > HClO$。

② 不稳定。

③ 强氧化性。

用途：可用于自来水的杀菌、消毒，可用作漂白剂。

设计意图：锻炼学生自主学习的能力。

（八）交流与合作

教师提问：下面，请同学们试着根据HClO的性质回答下列问题。小组合作讨论，并将讨论结果记录下来。

问题：新制氯水具有哪些性质？存在哪些微粒？

教师根据学生的总结进行补充，指出氯水中包含"三分四离"：Cl_2，H_2O，$HClO$，H^+，Cl^-，ClO^-，OH^-（极少）。

设计意图：结合教材，引导学生自主学习，学会分析材料，形成独立思考的能力，提升科学素养。

过渡：在总结氯水成分的过程中，大家提到了氯水的不稳定性，而这个不稳定性来自次氯酸的不稳定性。那么，次氯酸不稳定究竟会生成什么呢？下面，我们依旧利用数字化实验进行探究（学生倾听）。

（九）实验探究四

教师演示实验：数字化实验。

用pH探头和溶氧量探头测量光照过程中氯水的pH和氧气含量的变化情况。

学生根据次氯酸在光照条件下的pH和溶解氧的变化曲线，分析产生该现象的原因，进而得出结论。

学生回答：在光照条件下，氯水溶液的pH呈现下降趋势，溶解氧呈现上升趋势，说明光照条件下次氯酸分解成氧气和氯化氢。

设计意图：培养学生分析问题的能力。

（十）课堂练习

教师准备知识竞赛，通过设置游戏环节，对学生所学知识进行考查。

学生积极参与比赛。

设计意图：在知识竞赛环节，小组竞争，学生积极性提高。

小结：今天我们主要学习了氯气与水的反应、新制氯水的成分和性质的分析。在整堂课中，我们学会了科学的探究方法：提问—猜想—实验验证—得出结论。通过了解氯水的用途，我们得到了一些感悟，那就是凡事都有利有弊，我们要趋利避害，这样才能造福大众。

【板书设计】

氯气与水反应的探究

一、氯气与水反应

二、氯水成分

三、次氯酸分解

【教学反思】

　　教学过程中，对学生的启发和引导不够。教师在教学环节的设置和教法上存在很多疑惑，比如信息化与教学的融合该如何完美地实施？信息化与传统教学该如何有效结合？这是教师在今后需要继续学习的地方。

　　在真实的课堂教学当中，教师的教和学生的学都会存在许多困难。创设怎样的情境引发学生学习氯气的兴趣？如何让学生清晰地得出氯水的成分？如何设计互动过程，在互动中利用生成的资源来有效突破教学重难点？能运用更好的教学技术平台，并通过精心的教学设计来实现新的突破吗？答案是肯定的，教学相长是笔者在准备这节课时感受到的最好的师生状态。

"明清时期经济的辉煌与迟滞"教学设计

柳州市柳江中学历史组　郑翠芬

【教材分析】

"明清时期经济的辉煌与迟滞"是《金版教程——通史版》的第12讲。作为通史复习课，本课脉络清晰、条理分明，主要分为两大板块：第一大部分的内容为明清经济的辉煌，表现为农业、手工业、商业的发展，赋税制度的改革———一条鞭法，资本主义萌芽的产生等内容；第二大部分的内容为明清经济的迟滞，主要表现为重农抑商政策的继续实施、海禁与闭关锁国政策的推行。所以，在设计本课教学时，遵循其脉络，简单的知识点可以快速地浏览，让学生填表完成，但要有重难点的突出，所以重难点部分会引用文字史料进行分析。

【学情分析】

本校高二文科学生已经学完了三本必修课本，本学期已经进入一轮通史复习，因此除了一条鞭法，其他内容学生已经学习过了。讲述一条鞭法时，用一个短视频进行解读，讲述本课其他内容时，则充分发挥图片史料、文字史料的作用，侧重培养学生的"史料实证"核心素养，培养学生阅读、分析、归纳史料的能力，同时在教学中实现重难点的突破。

【解读教材】

（一）教学目标

1. 知识目标

学生通过图表、图片和文字史料，能够理解明清经济发展的表现、海禁政策的实施原因。

2. 能力目标

紧紧围绕历史学科"史料实证"这一核心素养，使学生通过大量图片、习题演练、史料，提高阅读、分析、归纳史料的能力，透过现象思考本质。

3. 情感、态度与价值观目标

（1）通过图片和文字史料，展示明清经济的辉煌，培养学生的民族自豪感和自信心。

（2）通过重农抑商、海禁、闭关锁国的消极影响，以及14至16世纪中西方情况对比，让学生思考启示，认识到当今改革开放的重要性。

（二）核心素养目标

1. 史料实证素养

通过做题和大量的史料阅读，培养学生"论从史出"的思维。

2. 家国情怀

通过各类史料展示明清经济的辉煌，培养学生的民族自豪感和自信心。

3. 政治认同

通过重农抑商、海禁、闭关锁国的消极影响，让学生认识到当今改革开放的重要性。

（三）教学资源

教材资源、网络资源、课堂生成资源。

（四）教学重难点

重点：学生理解明清商业辉煌的表现、重农抑商和海禁政策的实施原因及影响。

难点：探讨资本主义萌芽缓慢发展的原因、各项经济政策之间的内在联系。

【解读方法】

（一）教学准备

学生：预习课本，独立学习、分组学习。

教师：研读教材，收集资料，精心备课，制作课件。

（二）教学方法

讲授法、探究教学法、史料分析法。

（三）学习方法

自主探究法、小组合作学习法、总结反思归纳法。

（四）教学手段

多媒体与传统教学相结合。

【教学过程】

（一）导入

展示明清疆域图、时空定位：1368年—1840年鸦片战争前，辉煌与迟滞并存，新发展与新挑战共生。

教师口头导入，明确明清经济阶段总特征，观察学生是否进入上课状态。

吸引学生注意力，提示学生本课重难点。

设计意图：提前指出晚清经济的总体特征，让学生能够带着兴趣进入学习状态。

思辨进阶：学生形成认知冲突，探究欲望加强。

（二）学习目标

学生能够说出明清经济发展的表现，能分析出重农抑商政策、海禁政策实施的原因及影响。

教师展示学习目标。

学生阅读学习目标。

设计意图：了解本节课的学习目标及内容。

（三）明清经济的发展

1. 农业的发展

（1）阅读表1，从生产关系、生产技术、农作物、灌溉工具、赋税制度改革几个方面看明清时期农业领域的新发展。

表1　影响明清农业发展的几方面因素

生产关系	租佃关系普及全国，小农经济仍占主导地位
生产技术	生产技术有明显提高，双季稻得到大面积扩种
农作物	粮食作物：玉米、甘薯、土豆等高产作物传入中国； 经济作物：辣椒、烟草、西红柿等经济作物传入中国
灌溉工具	风力水车
赋税制度改革	明代一条鞭法

教师展示图表，引导学生分析农业发展的角度，最后总结。

学生读图表、看具体内容。

设计意图：分析农业领域出现的新发展。

思辨进阶：通过图表培养学生阅读、归纳的能力。

（2）明朝赋税制度改革——一条鞭法。

① 观看一条鞭法简介短视频，归纳一条鞭法的相关知识点。

教师展示一条鞭法简介短视频，引导学生分析归纳视频史料，最后总结。

学生观看视频、归纳总结。

设计意图：总结出一条鞭法的背景、目的、内容、影响。

思辨进阶：通过视频培养学生从视频中提取信息、归纳概括的能力。

② 2020江苏卷选择题演练。

教师展示题目。

学生看题、思考。

设计意图：做题巩固新知，区分不同知识点。

思辨进阶：通过做题落实"史料实证"核心素养，培养学生提取信息的能力，同时区分不同朝代的农业情况。

2. 手工业的发展

读材料，分析明代手工业领域的新现象。

教师展示史料，引导学生分析史料，最后总结。

学生读史料、分析史料、归纳总结。

设计意图：分析明代手工业发展情况：明中叶之后，民营手工业超过官营手工业，并出现了资本主义萌芽。

思辨进阶：落实历史学科"史料实证"这一核心素养，提高学生阅读、分析、归纳史料的能力。

探究：资本主义萌芽发展缓慢的原因。

角度：资金、技术、国内市场、国际市场、劳动力、国家政策。

教师展示探究的角度，要求学生小组讨论。

学生看角度、小组讨论、分析角度、归纳总结。

设计意图：提高小组合作的能力，增强思维的碰撞，分析资本主义萌芽发展缓慢的原因。

思辨进阶：提高学生的小组讨论分析、归纳史料的能力。

3. 商业的发展

列举商业发展的表现，通过题目分析、辨别知识点。

（2019·高考全国卷Ⅰ）明中后期，大运河流经的东昌府是山东最重要的棉花产区，所产棉花多由江淮商人坐地收揽，沿运河运至江南，而后返销棉布。这一现象产生的主要原因是（ ）。

A. 交通方式的变革 B. 土地制度的调整

C. 货币制度的改变 D. 地区经济的差异

教师引导学生分析归纳史料，最后总结。

学生读史料、分析史料、归纳总结。

设计意图：透过题目分析看区域间的长途贩运贸易、商业的发展。

（四）农耕经济的迟滞

1. 重农抑商

展示重农抑商的措施。

教师展示重农抑商相关知识点，让学生口头作答，最后总结。

学生回顾旧知识。

设计意图：归纳概括重农抑商政策的影响，教授学生影响类题型的答题思路。

思辨进阶：教授学生影响类题型的答题思路，落实"历史解释"这一核心素养，提高学生阅读、分析的能力。

2. 海禁与闭关锁国

区分海禁与闭关锁国的含义，探讨其原因并进行评价。

教师展示海禁与闭关锁国的含义、展示史料。

学生区分二者含义、读史料、分析史料、归纳总结。

设计意图：分析海禁和闭关锁国的原因及影响。

展示中西方社会对比、展示表2（先留时间让学生填空）。

表2　中国（农业文明）与西方（工业文明）对比

类别	中国（农业文明）	西方（工业文明）
政治	封建君主专制空前强化	资产阶级代议制确立
经济	小农经济占主导，资本主义萌芽发展缓慢	资本主义工场手工业兴旺发达，工业革命开始
思想	理学日益僵化，文化专制，思想禁锢	文艺复兴、宗教改革、启蒙运动，思想解放
科技	传统科技步入总结阶段	近代自然科学兴起
外交	海禁、闭关锁国	殖民扩张和掠夺

教师引导学生回顾旧知，利用新知完善表格。

学生讨论，完成填表。

设计意图：分角度归纳课堂知识。

思辨进阶：培养学生归纳知识的能力。

（五）谈启示

根据14至16世纪中西方社会状况对比谈启示。

教师提问：透过中西方在16世纪之后的不同命运，谈谈你受到的启示。

学生带着题目，个人独立思考。

设计意图：提高学生的思维能力。

思辨进阶：提高学生阅读分析、归纳史料的能力。

（六）小结

史论归纳。

教师对课堂进行深化。

学生看展示的史论。

设计意图：深化课堂知识。

思辨进阶：培养学生对历史规律的理解能力。

（七）高考题演练

教师展示材料（2016·全国Ⅰ卷·40）：清朝康、雍、乾长达一个多世纪中，社会总体稳定，清政府取消了人头税，根据耕地面积确定税额，减轻了下层百姓负担。农业上普遍采用了轮作、复种、多熟等农作制。玉米、甘薯等耐寒、耐旱、高产作物不断推广，人们将林木覆盖的山地和草原广为开垦。人口从清初的1.8亿增加到鸦片战争前夕的4亿之众，引起了一系列变化：一些地区,游手好闲者更数十倍于前；"田地贵少，寸土为金"；水土流失和草原沙化现象凸显；农业人均收益递减，各地民变此起彼伏。

——摘编自李龙潜《明清经济史》

根据上述材料并结合所学知识，说明清中期人口膨胀的原因及其影响。

（12分）

学生读题，教师抽取学生作答，分析思路。

设计意图：考查学生分析材料的能力。

思辨进阶：考查学生阅读分析、归纳史料的能力，被抽取的学生起示范作用。

【板书设计】

第12课　明清时期经济的辉煌与迟滞

一、明清经济的发展

（一）农业的发展

一条鞭法

（二）手工业的发展

（三）商业的发展

二、农耕经济的迟滞

（一）重农抑商

（二）海禁与闭关锁国

【教学反思】

（一）成功之处

基本上完成了既定的教学目标，预设达成；在课堂教学中，充分将学生自主思考与小组合作探究相结合，突出"史料实证"素养，提高学生思辨、总结归纳的能力。

（二）不足之处和需要改进的地方

本课内容较多，史料引用比较多，教学节奏较快，课堂氛围还不够活跃；课堂氛围在前半节课有些拘谨，后半节课得到调节；板书需要再次规范。

"神奇的货币"教学设计

柳州市柳江中学　覃宾露禄

【教材分析】

本课题属于《经济生活》第一单元"生活与消费"的第一课"神奇的货币"。第一单元是从"消费环节"的角度看社会再生产，第一课讲"货币"，第二课讲"价格"，第三课讲"消费"。本课在第一单元中起着奠定基础的作用。

本节课内容较多，难度较大，与学生的生活实际联系紧密，课时内容较多，学生没有充足的探究时间，如何进行教学才能提高教学质量，值得我们研究。

【学情分析】

通过新授课的学习，学生已经初步了解了社会再生产的四个环节，明确了第一单元是从消费的角度看经济社会，这为本节课的学习奠定了基础。本框是从货币的角度看消费，需要学生结合自身生活体验多角度展开探究，在这个过程中需要教师用有效的方式加以启发和引导，从而使学生能够主动去学习和接受健康、向上的文化。

由于本班同学性格活泼，学习积极性高，可以多采用讨论等活动形式，让学生主动参与课堂，发挥其主观能动性。

【解读教材】

（一）教学目标

解析货币在商品交换中的作用及其基本职能；解释常见的信用工具的用途；理解金钱在现代经济生活中的意义。

政治认同：理解我国的货币政策和汇率政策，增强对我国现行货币政策和汇率政策的认同。

科学精神：科学认识货币的职能和货币流通规律，树立正确的金钱观。

法治意识：依法爱护人民币，严禁制、售假币。

（二）教学重难点

重点：解释常见的信用工具的用途；理解金钱在现代经济生活中的意义。

难点：解析货币在商品交换中的作用及其基本职能。

【解读方法】

（一）教学准备

1. 教师准备

（1）了解本教材内容的课程标准和考试说明。

（2）编写导学案。

（3）制作多媒体课件。

2. 学生准备

（1）复习相关内容，并把在复习中碰到的疑难问题记录下来，以供在课堂上和同学讨论或请教老师。

（2）自主复习，初步完成思维导图。

（二）教学方法

比较法、综合法、图表法、分析归纳法、讨论法等。

（三）学习方法

自主学习、探究学习、合作学习、课堂展示、教师讲授等。

（四）教学手段

（1）课堂教学模式"1631"为"学案导学—六步释疑—三查其中—总结提升"。

（2）依据《普通高中思想政治课程标准（2017年版2020年修订）》，让课程走向生活，课程要面向学生的生活实际和社会实践。所以，引导学生讨论身边的实例，更能引起学生的共鸣。

（3）教学活动必须尊重学生已有的知识与经验，倡导培养学生形成自主、合作、探究式的学习方式，鼓励学生积极参与教学活动，让课堂充满创新的活力。

（4）要把教学过程当作师生交流、交往的过程，当作师生共同发展的过程，实现教师角色的转变，实现课程与教学的整合。

【教学过程】

（一）考情分析

1. 学情分析导入新课

师：这节课是我们高考一轮复习的第一节课，针对经济生活第一单元"生活与消费"，我们来学习货币的相关知识。

下面，请同学们观察近几年高考题对《经济生活》第一单元的考查知识点和考查方式。

教师引导学生思考：第一单元哪个考点考查得较多？高考题对第一单元知识点的考查以什么题型为主？

学生活动：

（1）比较考情分析图，同桌讨论。

（2）了解商品的基本属性、金属货币与纸币、外汇与汇率这几个知识点是高考题高频考点。

（3）了解近三年的高考以选择题为主，主要以相关的时政热点为背景进行考查。

设计意图：从高考题考情分析出发，让学生感受本课知识的高频考点和考查方式。这么做既符合本课"感受高考"的主题，也能够使学生快速把握本课重点，提高复习效率。

2. 概念学习

教师检查学生们自主复习的成果——思维导图。

思维导图成果展示，检查学生课前完成的思维导图。

设计意图：检查学生课前自主学习情况。

（二）自主探究

1. 教师活动

（1）教师阅读课本，学生完善补充思维导图。

（2）教师引导学生自主复习，完成导学案。

2. 学生活动

学生阅读课本，自主完善思维导图，完成导学案。

设计意图：学生通过自主复习，巩固所学知识，把握本课重要知识点、易错易混点。

（三）共同探究

师生共同概括导学案。

1. 教师活动

（1）与学生一同检验自主学习成果。

（2）检验学生掌握知识的程度、深度、广度。

2. 学生活动

（1）检验自主学习成果。

（2）检验自主学习有无错漏知识点。

设计意图：师生共同检验导学案的完成情况，有利于加深学生对本课知识的把握程度，有利于学生扩大对知识点的把握广度。

（四）即练即讲

师生共同探究难点。

教师列出易混易错点，让学生判断对错，即练即讲。

同桌讨论，针对题目中的易错易混点提出自己的看法和观点，思考抉择后作出判断。

设计意图：一方面可以让学生在讨论中加深对知识点的理解和记忆，另一方面可以让学生在题目训练中熟练运用知识点，完成题目。

（五）知识归纳

教师总结：本课通过"商品""货币""纸币"三大关键词搭建知识框架，从关键词延伸知识脉络，从而达到以小见大、以微知著的教学效果。本课结束后，学生能够用三个关键词抓住本堂课的重难点知识，并能够延伸出重难点知识的解题思路。

设计意图：引导学生总结本框内容，符合新课程让学生在活动和体验中学习的理念。

（六）真题训练

课堂练习。

（1）（2019·全国卷Ⅰ）近年来，提高供给质量是供给侧结构性改革的主攻方向，全面提高产品和服务质量是提升供给体系的中心任务。为此，国家开展质量提升行动。从劳动价值论看，开展质量提升行动，是因为（　　）。

① 商品的质量是衡量价值的天然尺度

② 商品的质量决定了商品的交换价值

③ 商品的使用价值是价值的物质承担者

④ 商品的质量与商品的使用价值密切相关

A. ①②　　　　B. ①③　　　　C. ②④　　　　D. ③④

（2）（2017·全国卷Ⅲ）小夏使用信用卡在北京透支8000元购买了一台外国品牌笔记本电脑，在免息期内通过银行偿还了该消费款。在这一过程中，货币执行的职能是（　　）。

A. 价值尺度、支付手段和世界货币

B. 流通手段、贮藏手段和支付手段

C. 价值尺度、流通手段和支付手段

D. 流通手段、价值尺度和世界货币

（3）截至2021年11月21日，中国新冠疫苗接种已超过24亿剂，居全球第一。有充分的数据表明，中国疫苗有效性、安全性良好。在我国，疫苗属于公共产品，只能根据成本定价，由政府按采购程序购买，为全民免费接种。我国政府采购的新冠疫苗（　　　）。

① 不是商品，没有用于交换

② 是商品，是使用价值和价值的统一体

③ 为全民免费接种，可以更好地发挥其使用价值

④ 有效性和安全性越高，其价值就越大

A. ①③　　　　　B. ①④　　　　　C. ②③　　　　D. ②④

（4）近年来，中国的移动支付市场发展迅猛。据统计，2021年上半年，中国第三方移动支付交易规模增长超过150万亿元，同比增长超过两位数。截至2021年6月，我国移动支付用户规模达到8.72亿，比2020年12月增长了787万，占网民整体的86.3%。这一支付方式的使用（　　　）。

① 使消费者收入增加

② 使交易更便利快捷

③ 能够降低交易成本

④ 容易发生通货膨胀

A. ①②　　　　　B. ①③　　　　　C. ②③　　　　D. ②④

（5）（2016·全国卷Ⅰ）2015年，某国宏观经济形势如下：产能利用率不足；固定资产投资同比下降4.0%；居民消费价格指数（CPI）增幅从2.5%下跌至1%，低于国际公认的合理值3%。据此，预防通货紧缩成为关注的焦点。若不考虑其他因素，可能引发通货紧缩的传导路径是（　　　）。

① 产能过剩→工业品供过于求→工业品价格走低→企业利润下滑

② 消费低迷→消费品供过于求→消费品价格走低

③ 社会总供给大于社会总需求→物价总水平持续下跌

④ 企业投资萎缩→失业率上升→居民收入下降

A. ①→④→②→③　　　　　　B. ④→①→③→②

C. ①→③→④→②　　　　　　D. ④→②→①→③

学生限时做题，明确本框题考什么、怎么考、怎么答。

设计意图：巩固知识，学以致用，并进一步巩固学生分析问题的能力、从材料中提取信息的能力、调动和运用知识论证和探讨问题的能力。

（七）课堂小结

通过今天的学习我们可以看到，消费环节中商品、货币、纸币三个概念与消费息息相关。

（八）课后作业

教师带领学生完成导学案的课后练习。

学生用所学知识来指导做题，从而进一步巩固本节课所学内容。

【板书设计】

通过知识结构型板书，形成本节课内容的知识网络。

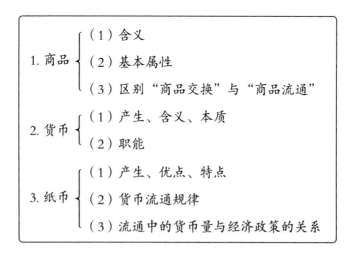

学生回顾、实际再现所学知识，完善自己的思维导图。

设计意图：构建知识网络，把握知识之间的内在联系，加深对教学内容的整体把握和理解。

【教学反思】

第一，在探究材料的引用和案例的列举上，尽可能地运用学生熟悉的或身边的素材，让学生感受到消费环节就在自己的身边，商品、货币与自己息息相关，每个人都是一名消费者，从而引导学生自觉进行理智的、有益的消费活动，树立正确的世界观、人生观和价值观，树立健康的消费观和金钱观。

第二，体现教为主导，学为主体，以知识为主线。通过多种形式调动学生参与课堂的积极性、主动性、创造性，引导学生动脑想、动手写、动口读、动口议、动眼看、动耳听等。

第三，注重真题情境教学，引导学生从真题情境中归纳出知识点，锻炼做题能力。

第四，注重讲练结合，明确本框题内容考什么、怎么考。

第五，在整个教学过程中，教学的环节还不够流畅，时间的分配还不够合理，对知识的强化记忆没有落实到位，对易错易混知识点的区分还需加强，对题目的讲解、方法的渗透还有待提高。

基于通用技术与创客教育融合的
教学活动探究

柳州市柳江中学　梁金福

中国特色社会主义走进新时代，实现国家现代化，迈入教育强国行列。科学技术的快速发展使得科技竞争力成为国家的核心竞争力。青少年是国家的未来、民族的希望，青少年的科学素质水平是国家发展的基础。因此，无论是研究者还是实践者，青少年科学素质都是始终需要关注的重点。

第一，《通用技术新课程标准（2017年版）》开始实施，课程定位有利于培养学生的技术素养，但是多年以来的课程组织模式限制了技术教育者的思维，怎样改变教学模式才能培养学生的创造精神与实践能力成了教育者亟须解决的问题。通用技术课程亟须通过一场变革来找到自己正确、合理的位置。

第二，创客教育如今具有强大的优势，以不可阻挡之势遍及全球。祝智庭等在《创客教育：信息技术使能的创新教育实践场》一文中对创客教育的内涵进行了归纳。他认为，创客教育的目标是培养学生的创新意识、创新思维以及创新能力，它的框架和项目学习法相似，强调学生的深度参与，继承了在实践中学习的思想。此外，创客教育强调以学生为中心，培养学生的自主学习能力。

第三，创客教育与通用技术融合的条件成熟，受到了全国教育者的欢迎，也给通用技术带来了福音，使通用技术教育者看到了课程发展的希望。创客教育席卷校园之前，我校已有专业的通用技术教室，但是设备较为传统、陈旧，主要是木工工具、金工工具等普通的工具，教师在课堂上带领学生进行的项目也主要是一些传统项目，技术含量不高。设备陈旧、思维定式困扰着通用技术教师，我们一直在寻求新的突破。在创客教育的春风下，学校的创客试验室建立起来了。机器人工作室、卡魅实验室等如雨后春笋般出现，丰富了通用技术的硬件资源。各种有关创客的培训也纷至沓来，教师们得到了很好的专业培训，业务能力有了很大提升，最重要的是接触到了新鲜的思想和先进的技术，教学思维发生了转变，有了尝试新鲜事物的渴望、勇气和能力。这是创客教育能够顺利与通用技术课程融合的有力软件保障。

一、前期准备

（一）教师的学习

为达到研究目的，教师进行了多次外出培训学习，在网上寻找资料学习，和兄弟学校交流研讨。目的是让教师的核心素养能够提高，能够在每一节课引领学生探索并掌握课本中的知识。

（二）云存储的使用

为方便师生在课程开发和学习过程中实现快速共享、访问、收集作品成果，基于学校开发了云存储技术，大大提高了教师的教学效果与学生的学习效率。由于在此之前学校没有开展此类教育融合活动的经验，故活动前期开展了大范围、普遍性的问卷调查：结合校情、学情编制好问卷内容，然后在各班级的信息课前做宣传介绍，并让学生填写相关问卷调查表。最终根据问卷调查报告开展教育实践活动。

二、创客实践性教学活动

刚开始是在班级里面找对这方面比较感兴趣的同学进行教学活动，由于高中学业任务重，时间比较紧迫，刚开始跟同学们沟通好每周二、周四下午放学后来实验室培训。刚开始主要训练以计算机辅助设计制作为主的CAD制图，学生规模为10人。由于大多数学生没有计算机应用基础，所以刚开始训练时基本得手把手教，或者一对一指导，刚说完这个问题，另外一个同学也有同样的问题。这种大家都容易出错的操作持续了一周后，笔者开始反思问题到底出在哪里，统一讲授时明明也在强调。后来经过反思，笔者决定采用教师微课突破这种学生易出错的点。比如，做全榫卯结构，榫卯之间的长和宽要相差多少才能够嵌入得牢固，特别是考虑到实验用材的热胀冷缩问题。还有一些同学数学思维不够好，在计算上出问题，其实很多时候可以换一种方式，或者借助数学上的画一道辅助线来解决问题。教师还可以大胆地采用分层教学的方式，对一些上手比较慢，或者后来的同学，采用学生帮学生，或者让他们直接观看微课视频的方法进行训练，也收到了不错的效果。训练一个月后，同学们渐渐上手，出错的地方越来越少，操作、工具、技巧的运用也越发熟练，从平面到立体，从简单的笔筒到美观又带中国风的笔筒。教师在刚开始时教授他们工具的用法，后面就把任务分给每个人，这样既实现了团结协作又形成了竞争的环境，同学们进步很快。在柳州市中小学电脑机器人比赛中，我校也积极参加了智能制造项目，在比赛中同学们展示了其平时训练的基本功，面对强敌不畏惧，认真完成比赛中的各项任务。由于是第一次参加比赛，笔者作为带队教练欠缺比赛经验，没能做到提前排兵布阵，导致一些同学没能很好地发挥出平时训练的水平。团队里18级的曾莹莹、李亦悠，19级的潘俊璋，20级的牟纨羽等同学在创意智造（CAD制作与编程）项目中勇创佳绩，一人获得市级二等奖，三人获得三等奖。

三、创客实践活动反思

由于训练时很多内容都是边做边思考下一步怎么改进，没有长远计划和比赛经验，很多时候是摸着石头过河，导致教师在指导上走了好多弯路，学生在学习上也很难做到系统、全面地学习。

尽管存在一定难度，但是指导教师精细的视频指导和在线解答确保了学员充分参与动手实践，确保了他们遇到的困难被及时解决，确保了实验效果，并加深了学员的体验。此次创客教育实践培养了学生直面困难的勇气和团结协作的精神，培养了高中生的综合协同创新能力。

四、通用技术与创客教育融合教学活动

在前面的学习训练的基础上，第二学期做了上课形式以及课堂任务的变化调整。由于同学们都有了一定的设计制作或编程能力，上课时除了简单必要的提示，以任务驱动学习、小组探究协作学习为主，由学生构思，由学生发现与明确问题、提出问题、制订方案、解决问题、进行技术试验等。最终学生以图文并茂的方式形成自己的创作灵感、设计思路、制作过程和作品说明书等。

案例1：

柳江中学青年教师赛综合组课例"系统及其特征"

2021年5月，笔者参加了学校举行的青年教师赛教课活动，利用录播系统在全校直播上课，上课的内容为"系统及其特征"。吸取以前上课的经验，在课前做了以下准备：分析好教材，充分了解学情，采用信息化手段处理教材，分小组进行研究性学习。

作为一名青年教师，我深知自己对教材的熟知度还不够，所以在备课过程中先通读了上下册的教材，接着有针对性地看了对应教学内容的教学参考书，目的就是让自己对教材有一个整体的熟悉与把控。在备课的过程中，几经构思后推翻，其间也向我们学科组内的专家、市兼职教研员请教。确定了自己的上课思路后，紧紧围绕课本内容对一些内容加以处理，借助信息技术、利用学校创客实验室制作一些比较经典有趣的实验器材进行课堂教学。

这节课除了较好地应用了信息化多媒体外，还充分挖掘了学校现有的创

客教育实验室资源。首先，笔者在平时带队的过程中就让学生做过相关方面的创作，所以在备课备赛时，诸多教具可以灵活运用到课堂上来。这些教具是学生结合生活、发挥想象制作的，所以更加符合大部分学生的认知，可以引起他们的好奇心，促使他们进一步探索。

笔者在课上设置了"投石器的制作过程"试验，让学生通过试验来总结系统存在的一些特性。这个环节有几个亮点：①能进一步活跃课堂气氛，让学生动手动脑参与课堂教学；②小组内交流的机会更多，有利于知识更全面地生成；③为了避免教师或其他组的学生看不到或者看不清效果，采用了希沃白板同屏直播的方式，从而让更多的学生沉浸到课堂的体验当中来。

当然其间也出现了很多意外的情况，比如说实操的时间到了，小部分学生还没停下来，继续拿着工具敲击。还有一些组迫不及待地想试验，却没有足够的时间让他们直播试验。虽然这是个问题，但也进一步反映了把创客教育活动的项目有机融合到通用技术课程中能极大地提高学生的兴趣，以及课堂参与度。在接下来的教学教育过程中，还需要结合不同教材、不同学情去不断挖掘通用技术与创客教育活动相结合的案例，从而让我们的课程更加具有体验感、沉浸感，让学生学习起来更加轻松，更容易接受，让课程更加具有教育意义。

案例2：

全自动浇灌系统

设计与制作组员（学生）：潘俊璋、黄如意。

一、创作灵感

2020年1—5月新冠疫情期间，校园教室外的植物因长时间放在走廊没人浇水而枯萎了，土壤也因缺水而变得硬邦邦的。我们创客社团的同学通过观察分析其原因后，决定利用实验室现有设备设计制作一个全自动智能浇灌系统，从而在没有人给植物盆栽浇水时，通过智能控制方式自动进行精准化、量化浇灌。

二、设计思路

明确植物盆栽枯萎问题—提出问题解决方案、确定方案—系统能在植物缺水却无人浇灌的情况下实现自动补充适量水分—让植物能不因水分缺失而枯萎。设计一个经济、实用，不仅能满足校园走廊、办公室盆栽使用，也能投入到农业生产中使用的全自动智能浇灌器。另外，可以结合不同的使用情境用不同的材料做不一样的艺术造型。

三、设计制作过程

两位同学经过跟教师沟通交流，决定采用分工合作的方式进行设计制作，见表1。

表1 设计制作

过程	编程模块制作	外形设计模块	备注
步骤1	程序执行控制分析	浇灌器应用场景分析：室内或学校走廊盆栽	
步骤2	程序编写	所用材料、制作方式：木板，CAD制图与激光切割机切割	
步骤3	程序修改	设计图纸： 1.草图 2.标准模型设计图	
步骤4	电路连接	模型制作拼接	
步骤5	电路图	修改图纸、模型	
步骤6	程序上传完成	优化、美化外形	
步骤7 功能和外观介绍	程序与硬件连接功能实现	外观介绍	
	本系统实现了在无人时可通过传感器检测土壤湿度实现自动浇花和在有需要时通过人工来实现浇花	本系统在外观上采用了周易八卦图，将八卦图与实物结合起来，可让人联想到我国古代先祖的智慧结晶，宣传中国古代传统文化	
步骤8	成品展示		

四、团队成员介绍和分工

团队成员介绍和分工见表2。

表2　团队成员介绍和分工

成员	性别	年级	分工
潘俊璋	男	高二	1.负责程序控制分析。 2.程序编写、调试以及电路、硬件搭建。 3.全自动智能浇灌系统的功能实现
黄如意	女	高二	1.发现生活中存在的问题，并提出解决办法、整体的设想。 2.结合中国传统文化对全自动智能浇灌系统的外形进行设计。 3.结合系统功能优化模型结构

五、硬件清单

硬件清单见表3。

表3　硬件清单

序号	硬件	型号	数量	成本（元）
1	主板：Arduino UNO	R3	1	20
2	土壤湿度传感器		1	5
3	水泵	潜水型	1	5
4	继电器		1	5
5	杜邦线		若干	5
6	水管		若干	2
7	木板		3	10
共计				52

五、教学活动反思

（一）学生反思

根据线上教学视频以及教师的指导制作了全自动浇灌系统。全自动浇灌系统中循环部分的程序可以运用较烦琐的编码，也可以使用简洁的编码，如何把烦琐的公式变得简洁是平常学习中需要总结的重点知识。如果可以做到自己寻找简便方法解决学习上的各种难题，便是自我提升的最大进步。同时，编辑代码需要非常细心，全自动浇灌系统的代码相对较短，在这短短的编码过程中却出现了许多次错误，以至于花了大量时间寻找错误、修改错误。可见，科技学习不仅需要丰富的专业知识和勤于思考的能力，更需要细心、耐心的品质。

（二）教师反思

两次教学活动的实践案例证明，技术与创新教育不仅仅在于某一环节做得好与不好，而是要让学生做生活中的"有心人"，有独立思考的能力，具备良好的技术意识以及解决问题的能力。教师在学生遇到问题的时候，不要急于解答，或者帮其操作，应大胆放手，引导学生思考，使他们得到想要的结果。这样才能让学生的记忆更深刻，学生的能力才会真正提升，遇到类似的问题才能快速地迁移已有的知识，达到深度学习的目的，培育深度研究的科学精神。

研究的不足之处：课堂评价不够系统，没能借助信息化手段，若能利用数据等进行有效准确的评价，课堂效果会更佳。

六、结束语

创客教育是当前最为合适的科学（科技）教育的教学法。在这一点上，拘泥于传统科学（科技）教育的人们应该尝试着向这一种具备更好效能的教学法转型。我们必须认识到，这种教学法与传统的科学（科技）教学法并不矛盾，而是它们的一种新型组合乃至融合。STEM教学法可以用来实现学生的创新素养的建构和培养，可以用来改善甚至是改革当前的应试教育，可以用来转变学生的学习方式，提高学习效率。这一点也是显而易见的。而通用技术学科提供的理论依据进一步指引了创客教育活动的开展。

通过融合的教学活动，引导学生进行探究性学习和科技创新，增强学生自学能力，探索开发学生潜能，激发学生对科技创新的热爱。营造多学科交叉的创新教育生态环境，构建拔尖创新人才培养的新模式，致力于培养具有创新能力、创业精神和国际视野的杰出人才，增强高中生的科学兴趣和探究热情。我们将一直致力于推进创客教育，培养学生的技术意识、工程思维、物化能力等核心素养，促进学生动手动脑、全面发展，帮助学生将多学科的知识和技能应用到竞赛过程中，提高综合素质。鼓励学员立志从事科学研究事业，走进科学殿堂，放飞科学梦想。我们坚信在全体师生的共同努力下，我校的技术与创新教育会发展得越来越好。

参考文献：

［1］刁彬斌.Arduino编程从入门到进阶实战［M］.北京：化学工业出版社，2020.

［2］赵昌木.教师成长论［M］.兰州：甘肃教育出版社，2004.

［3］王陆.教师在线实践社区COP的绩效评估方法与技术［J］.中国电化教育，2012（1）：61-72.

［4］王陆.虚拟学习社区社会网络中的凝聚子群［J］.中国电化教育，2009（8）：22-28.

［5］向世清.STEM教育的应用范畴（五）［J］.中国科技教育，2021（5）：74-75.

［6］佐藤学.课程与教师（世界课程与教学新理论文库）［M］.北京：教育科学出版社，2006.

［7］胡航，董玉琦.深度学习内容的构成与重构策略［J］.中国远程教育（综合版），2017（10）：72-78.

［8］何华灿.重新找回人工智能的可解释性［J］.智能系统学报，2019，14（3）：393-412.

［9］胡航，董玉琦.技术促进深度学习："个性化—合作"学习的理论构建与实证研究［J］.远程教育杂志，2017，35（3）：48-61.

［10］杨志成.核心素养的本质追问与实践探析［J］.师资建设（双月刊），2018，38（1）：46–51.

［11］黄知贞.STEAM教育理念融入中职信息技术课的教学探究［J］.桂林：广西师范大学，2021.

微专题在高三二轮复习中的设计与应用

——以根据关键词判定植物"三率"为例

柳州市柳江中学生物组　冼　莹

一、微专题的引入背景

（一）微专题的引入背景

专题复习是高三生物复习的重要手段。一轮复习为一个整体知识框架下几个大专题的复习，也就是立足教材，以课本中的每个章节为一个大专题进行详细的基础知识复习，强调整体知识梳理和知识网络构建。

在扎实的基础知识网络条件下建立解题思路，延伸并进入二轮复习，经历以综合训练为主，训练解题能力和优化思维品质，最终提高得分的后期复习。二轮复习的要点是基础知识相连接后的升华，有难度的增加和问题情境下特定范围内的特殊定义等。直接点的说法是，对各大专题复习的难点突破、查漏补缺、有效补充。通过多年的实体教学，发现知识的缺漏、难点、重点、社会热点等往往是分散的、不规律的，由此引入"微专题"。

（二）以根据关键词判定植物"三率"为例

对"光合作用和呼吸作用"这个大专题进行考情和学情分析。光合作用和呼吸作用是高中生物知识体系的核心内容，是历年来高考命题的重点，从考查角度上看，大多围绕光合作用和呼吸作用的过程展开，对两项生理过程的发生部位、产物、影响因素、相互联系等方面进行全方位的考查。从近几年的高考试题中可以看出，这部分内容的题目设计多趋向于与其他知识的综合。

光合作用和呼吸作用考查内容的考试题既有选择题又有简答题，其中包括图表题、计算题、分析说明题和实验设计题等。考查光合作用和呼吸作用等生理过程时会涉及总光合作用速率、净光合作用速率和呼吸速率（简称植物"三率"）这些概念和它们之间的联系，以及它们在情境问题下的应用，尤其以简答题和计算题最为常见。这部分试题难度较大，且学生容易混淆概念，分不清总光合作用速率和净光合作用速率。因此，针对学生的这个盲区弱项设计微专题——根据关键词判定植物"三率"，让学生从关键词入手，突破对植物"三率"的判定问题。

二、微专题的设立目的

（一）微专题的含义与设立目的

所谓"微专题"，是指选择切口小、角度新与针对性强的微型复习专题，力求解决复习课中的真问题、小问题和现实问题。"微专题"课题的确定立足于学生的真实学情，其选题不是面面俱到的，而是要结合复习的目标要求，针对学生在大专题复习中暴露出的知识、方法和能力等方面的薄弱环节，从学生已经牢固掌握的知识点出发，将学生复习中的"问题"和"牢固知识"结合，形成能解决学生学习中的真实问题的"微小"专题。

（二）以根据关键词判定植物"三率"为例

1. 学生的"牢固知识"部分

光合作用的整体过程物质和能量变化、场所、条件，包括光反应和暗反应；呼吸作用的整体过程物质和能量变化、场所、条件。

2. 学生的"问题"部分

总光合作用速率和净光合作用速率的概念，及它们在情境问题下，以曲线、图形、实际物质和量词出现时，学生无法准确界定题目中两者的对应部分而导致答题不准确和答题错误。

3. "微专题"的设定

（1）明确概念

先明确概念，再以每个名词对应的行为主体或物质变化等关键词来判定植物的"三率"。

总光合作用：即真正的光合作用，通常是指绿色植物（包括藻类）吸收光能，把二氧化碳和水合成富能有机物，同时释放氧气的过程。其主要包括光反应、暗反应两个阶段。

呼吸作用：生物体内的有机物在细胞内经过一系列的氧化分解，最终生成二氧化碳或其他产物，并且释放出能量的总过程，叫作呼吸作用。

净光合作用：又称"表观光合作用"，是指一段时间内植物体内发生光合作用的总量减去呼吸作用的量，即净光合速率=真正光合速率–呼吸速率。

（2）进行说明

真光合作用=光反应+暗反应。

光反应包括水的光解和ATP的合成。

暗反应包括二氧化碳的固定和三碳化合物的还原。

属于以上反应中的物质和能量的变化都属于真光合作用。

真先合作用行为主体：叶绿体。

呼吸作用的行为主体：线粒体。

净光合速率=真正光合速率–呼吸速率。

净光合作用行为主体：植物。

（3）举例说明

例如：当呼吸速率>光合速率时。

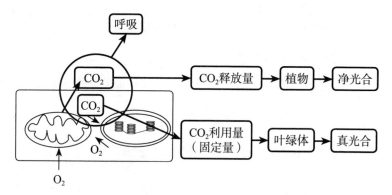

图1　当呼吸速率>光合速率时植物呼吸流程图

例如：当呼吸速率<光合速率时。

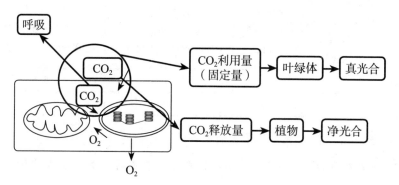

图2　当呼吸速率<光合速率时植物呼吸流程图

（4）将植物"三率"关键词进行对号入座

① 条件：当呼吸速率<光合速率时。

表1　当呼吸速率<光合速率时植物呼吸速率表

检测指标	呼吸速率	净光合速率	真正（总）光合速率
CO_2	释放量（黑暗）	吸收量	利用量、固定量、消耗量
O_2	吸收量（黑暗）	释放量	产生量
有机物	消耗量（黑暗）	积累量	制造量、产生量

② 光合速率与植物生长。

当净光合速率>0时，植物因积累有机物而生长。

当净光合速率=0时，植物不能生长。

当净光合速率<0时，植物不能生长，长时间处于此种状态，植物将死亡。

三、微专题《根据关键词判定植物"三率"》在题目中的应用

例1：在一定浓度的CO_2和适当的温度条件下，测定A植物和B植物在不同光照条件下的光合速率，结果见表2，以下有关说法中错误的是（   ）。

表2　A植物和B植物在不同光照条件下的光合速率记录表

	光合速率与呼吸速率相等时光照强度（klx）	光饱和时光照强度（klx）	光饱和时CO_2吸收量［$mgCO_2$/（$100cm^2$叶·小时）］	黑暗条件下CO_2释放量［$mg CO_2$/（$100cm^2$叶·小时）］
A植物	1	3	11	5.5
B植物	3	9	30	15

A. 与B植物相比，A植物是在弱光条件下生长的植物

B. 当光照强度超过9klx时，B植物光合速率不再增加，造成这种现象的原因是暗反应跟不上光反应

C. 当光照强度为9 klx时，B植物的总光合速率是45 $mgCO_2$/（100 cm^2 叶·小时）

D. 当光照强度为3 klx时，A植物与B植物固定的CO_2量的差值为 4 $mgCO_2$/（100 cm^2叶·小时）

分析：光饱和时CO_2吸收量［$mgCO_2$/（100 cm^2叶·小时）］为净光合速率；黑暗条件下CO_2释放量［$mgCO_2$/（$100cm^2$叶·小时）］为呼吸速率，真正光合速率=净光合速率+呼吸速率。B选项："光合速率"选项中指明是光反应和暗反应，所以是指真光合速率。C选项："固定的CO_2量"为

净光合速率。

答案：D.

解：光合速率与呼吸速率相等时，A植物光照强度为1klx，B植物为3klx，光饱和时A植物光照强度为3klx，B植物为9klx，所以A植物更适合在弱光条件下生长，A正确；光照强度为9klx时，B植物达到光饱和点，达到光饱和点后，再增加光照强度光合速率也不会再增大，原因是光反应快，暗反应慢，暗反应影响光反应，B正确；光照强度为9klx时，B植物的总光合速率=30+15=45 [mg CO_2/（100 cm^2叶·小时）]，C正确；光照强度为3klx时，A植物固定的CO_2量=（11+5.5）=16.5 [mgCO_2/（100cm^2叶·小时）]，B植物固定的CO_2量为15 [mgCO_2/（100cm^2叶·小时）]（光照强度为3 klx时，B植物的光合速率=呼吸速率），两者的差值为16.5-15=1.5 [mg CO_2/（100 cm^2叶·小时）]，D错误。

例2：将生长状况相同的某种植物的叶片均分成4等份，在不同温度下分别暗处理1h，再光照1h（光照强度相同），测其有机物变化，得到图3数据。下列说法中正确的是（　　　）。

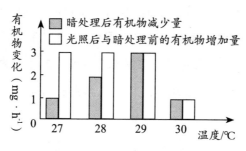

图3　不同温度下有机物的变化图

A. 该植物在27℃时生长最快，在29℃和30℃时不表现生长现象

B. 该植物呼吸作用和光合作用的最适温度在所给的4个温度中都是29℃

C. 在27℃、28℃和29℃时光合作用制造的有机物的量相等

D. 30℃时光合作用制造的有机物等于呼吸作用消耗的有机物，都是1mg/h

分析："暗处理后有机物减少量"代表呼吸速率；"光照后与暗处理前

的有机物增加量"代表1h真光合作用制造有机物量和2h呼吸作用消耗有机物量的差值。A选项：当净光合速率大于0时，植物因积累有机物而生长，"生长最快"即净光合速率最大；当净光合速率小于或等于0时，植物不能生长。B选项："光合作用"指真光合速率。C选项："光合作用制造的有机物的量"为真光合速率。D选项："光合作用制造的有机物的量"为真光合速率；"呼吸作用消耗的有机物"为呼吸速率。

答案：B.

解：暗处理后有机物减少量代表呼吸速率，4个温度下分别为1mg/h、2mg/h、3mg/h、1mg/h，光照后与暗处理前的有机物增加量代表1h光合作用制造有机物量和2h呼吸作用消耗有机物量的差值，所以4个温度下总光合速率（有机物制造量）分别为5mg/h、7mg/h、9mg/h、3mg/h。4个温度下的净光合速率分别为4mg/h、5mg/h、6mg/h、2mg/h，该植物在29℃时生长最快，4个温度下都表现生长现象，A错误；该植物在29℃条件下制造的有机物量最多，C错误；在30℃条件下，该植物光合作用制造的有机物为3mg/h，呼吸作用消耗的有机物为1mg/h，D错误。

例3：图4甲为研究光照强度对某植物光合作用强度的影响实验示意图，图4乙表示其叶肉细胞气体交换情况，图4丙表示光照强度与光合速率的关系，图4丁表示夏季晴朗的一天，某种绿色植物在24小时内O_2吸收和释放速率的变化示意图（单位：mg/h），A、B点对应时刻分别为6点和19点。请据图4回答：

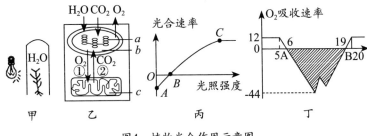

图4 植物光合作用示意图

（1）若要测定图4甲中植物的净光合速率，可供选择的测定指标是（答一项即可）_____。

（2）图4乙中暗反应的具体部位是［　　］_____（填字母及名称）。该反应中的能量变化是ATP中活跃的化学能转化为_____。

（3）叶肉细胞处于图4乙状态时，对应图丙中的区段是_____。

（4）图4丁中测得该植物一昼夜的O_2净释放量为320mg，假设该植物在24小时内呼吸速率不变，则该植物一天通过光合作用产生的O_2总量是_____。光合作用速率最高时，光合作用每小时利用CO_2的量是_____。

分析：图4丙纵坐标"光合速率"有正负值，为净光合速率，净光合速率=真正光合速率-呼吸速率。图4丁绿色植物在24小时内O_2吸收和释放速率为净光合速率。（4）中该植物一昼夜的O_2净释放量为320mg=白天真光合作用量-昼夜呼吸作用量。

答案：（1）单位时间内O_2释放量或CO_2的吸收量或有机物的积累量；（2）b，叶绿体基质；有机物中稳定的化学能；（3）B点之后；（4）608mg；77mg。

解：

（1）净光合速率的测定指标为单位时间内O_2的释放量（光照下）或单位时间内CO_2的吸收量（光照下）或单位时间内有机物的积累量。

（2）光合作用的光反应阶段的场所是类囊体薄膜，能量变化为光能转变为ATP中活跃的化学能，暗反应的场所是b叶绿体基质，能量变化为ATP中活跃的化学能转变为糖类等有机物中稳定的化学能。

（3）图乙细胞中的状态为植物光合速率大于呼吸速率，图丙中B点以后表示光合速率大于呼吸速率，故图乙对应图丙的B点以后。

（4）该植物一昼夜的O_2净释放量为320mg=白天光合作用量-昼夜呼吸作用量，据图可知该植物呼吸速率为12，故24小时呼吸量为$12 \times 24 = 288$mg，实际光合量=净光合量+呼吸量=320+288=608mg；光合作用速率最高时，光合作用每小时产生的氧气量是44+12=56mg，光合作用反应式中消耗CO_2量=O_2产生量，故每小时利用CO_2的量是（56+32）×44/32=77mg.

四、微专题的应用感受

一是"点"很小，没有传统专题的"点—线—面"；二是问题感明显，基本围绕学生的疑问来设置；三是材料新颖、情境性好，可以给学生耳目一新的感觉。

参考文献：

[1] 吴久宏. 发挥"微专题"在复习课中的大作用 [J]. 中学生物教学，2013（9）：30–32.

[2] 王静晓. 应用微专题提升高三生物二轮复习效率 [J]. 中学生物学，2016，32（3）：51–53.

基于语篇分析的高三英语完形
填空讲评课例分析

柳州市柳江中学　刁柳君

完形填空是测试考生综合运用英语语言知识能力的一种题型，它集阅读理解能力与语言应用能力考查于一体，考查考生在阅读理解的基础上，在一定语言情境下灵活运用词汇的能力，而且要求考生要有一定的语篇领悟能力、逻辑思维能力和语言感悟能力，是综合了单选和阅读的考查，特别强调对语篇及上下文的理解和应用。在目前的全国卷中，英语完形填空的题量为20题，分值为30分，该题型在整份试卷中的占比为20%，因此对学生而言，掌握正确的答题技巧非常关键。而由于词汇的障碍、句子理解的困难、语篇把握不清等原因，学生在做完形填空题时会出现错误率高，或因关键信息理解错误而连续错误等现象，因此教师的讲评十分重要。

研究近年的高考题，发现完形填空的语篇特征特别突出，不再单独测试词义辨析、固定搭配等知识点，而是考查学生在篇章层面的整体性理解，因此教师需要在语篇分析理论的指导下进行完形填空题型的教学，为学生讲解语篇分析理论，培养其语篇意识。传统的完形填空讲评方法以词汇讲解和句子翻译为主，将课堂的大部分时间用于词汇与语法知识的讲解、句子成分的分析等。这样"碎片化"的讲解方式不利于提高学生的综合语言运用能力，不能让学生从整体上把握和理解语篇的意义。如何运用语篇分析理论设计讲解该题型是值得研究的问题，本文选取2021年全国甲卷的完形填空讲评作为设计案例，探讨基于语篇分析的高三英语完形填空讲评策略。

一、理论基础

（一）语篇类型

《普通高中英语课程标准（2017年版）》明确将"语篇类型"作为英语课程内容的六要素之一，并提出高中英语教学需要培养学生的语篇知识。其中，"语篇类型"指的是议论文、说明文、记叙文等不同类型的篇章，不同类型的篇章具有不同的行文结构、文体特征和表达方式。高考中的完形填空选材广泛，它涉及日常生活、文史知识、科技小品、政治、经济、人物、社会、故事等，体裁以记叙文为主，极少采用其他体裁的文章，但往往不按时间顺序平铺直叙，多为插叙或倒叙，有时还夹有描述和议论。通过对应体裁完形填空文章进行篇章结构的深入讲解，既有助于学生从整体的角度进行解题，又可以帮助学生作答同体裁文章的题目。

（二）语篇衔接与连贯

语篇衔接，指的是存在于语篇内部并构成语篇的各种意义关系，涉及指称，省略、连接、词汇等五种衔接机制。衔接理论分为两大类，即语法衔接和词汇衔接。语法衔接包含照应、省略、替代和连接词四种类型；词汇衔接包括同词复现、同义词或近义词复现、反义词复现、上下义词复现、互补词复现以及词汇搭配关系。语篇连贯表现为线性连贯和整体性的语义结构，是一种语篇整体语义与语篇整体结构相结合的语篇连贯理论模式。这种联系既可以是显性的，也可以是隐性的。如果语篇的前后信息脱节，即语义上出现不连贯现象，学生就会出现不知所云的现象。

高考中的完形填空既要求学生把握文章的篇章整体结构，又需要分析语篇中各成分（语法、词汇）之间的联系。这与语篇分析基本观点中的"语篇模式"及"衔接与连贯"不谋而合。故笔者以此作为理论依据，在教学中既关注阅读文本的微观组织结构，又关注其宏观组织结构，综合设计本节讲评课。

二、案例设计

2021年全国甲卷完形填空讲评课设计思路如图1所示。

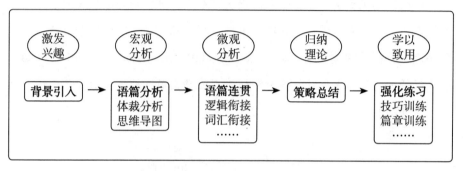

图1　2021年全国甲卷完形填空讲评课设计思路

（一）背景引入

课堂导入环节是激发学生求知欲、培养学生发散性思维的重要一环，所以为学生提供背景知识，可以使学生更加高效地理解篇章。本篇文章的体裁为记叙文，故事发展围绕Nick Burchill, pepperoni, seagulls, hotel展开。语篇讲述的故事如下：Nick Burchill入住费尔蒙特帝后酒店，把带给朋友的辣香肠放在窗边桌子上晾晒，却引来一群海鸥，它们不仅吃了辣香肠，还把酒店弄得一片混乱，酒店将Nick拉入黑名单。事后，Nick写信向酒店真诚致歉，酒店将他移出黑名单，欢迎他再次入住。

海鸥这一动物经常在社交媒体中出现，如夺取海岸游客的食物、入店"偷窃"等，是动物中"名声"不太好的一类，故有很多关于海鸥的趣闻轶事。笔者选取了两个方向逐个切入：第一，用海鸥进入超市偷取薯片的视频引入。通过这一视频，可以快速激发学生兴趣，让学生了解海鸥这一动物较为嚣张的性格特点，为本篇文章中海鸥入室偷吃辣香肠并造成作者入住的酒店房间一片混乱的情节做铺垫。第二，文章来源介绍。本篇文章出自National Public Radio（国家公共广播电台），同样介绍了与海鸥相关的故事，并作为2021年全国甲卷的完形填空的素材，由此快速进入文章的分析。

（二）语篇分析

篇章体裁是高度浓缩的语篇模式，它可以透露出不同文章的本质和特点。在这一阶段，笔者设计的教学活动如下：①判断文章体裁。通过课前做题，再次快速浏览文章，学生可以很快判断出文章体裁为记叙文。②找出记叙文六要素：时间、地点、人物、事件、起因和结果，然后根据事情发展的顺序逐一分析。阅读文章，确定Nick Burchill，pepperoni，seagulls，hotel四个关键的人与物，然后让学生分组讨论，梳理文章的故事情节。③形成思维导图，如图2所示。

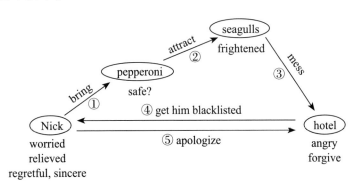

图2　思维导图

（三）语篇连贯

针对学生做题情况的反馈，笔者选取了部分有代表性的题目，请同学们分组讨论辨析，每组题对应一种完形填空的答题技巧，均基于语篇分析的连贯与衔接理论。例如，逻辑衔接，它是指相邻句子或句群之间的连接关系，可以通过连接性词语表明句子之间的语义联系，甚至可以通过前文句子的逻辑预见后文句子的语义。利用逻辑衔接是极其高效的解题策略，如第45题至第48题：

As he was 45. *worried that it would be too warm，he* 46. *laid it out on the table near an open window. He thought his pepperoni was* 47. *safe and well chilled*（冷却）*and he* 48. *left.*

第45题与第46题所在的句子存在逻辑词"as（因为）"，故句内存在因果关系。合理推测，因为他担心天气太热（香肠会坏掉），所以他将香肠放在了打开的窗户旁边的桌子上。第47题与第48题，他认为他的香肠是安全的并且能够得到很好的冷却，然后他就离开了，连接词"and"既表明了事件发生的先后顺序，又暗含了其背后的因果关系。

语篇衔接中的词汇衔接在完形填空解题技巧中也是十分实用的一部分，如第55题：

Older and wiser now，*Burchill chalked up the incident to youthful indiscretion*（莽撞）.

"*I have 55. matured and I admit responsibility for my 56. actions .*" *He said in the letter.*

第55题所在段落的上一段提到Nick"older and wiser now"（现在更加成熟和睿智），与第55题选项中的"matured"（成熟）属于同义复现，是微观组织结构分析下的答案判断方式。

（四）策略总结与强化练习

通过从宏观和微观上对文章进行分析，学生已经对记叙文的篇章结构及语篇衔接与连贯的相关概念有了切实的感知，教师需要在此时趁热打铁，及时引导学生总结归纳完形填空题的做题技巧，并循序渐进地将关于语篇分析的理论系统地传授给学生，从而让学生逐步掌握语篇分析理论，并能用理论指导实践。之后，根据当堂课的教学重难点，选取对应的做题技巧让学生进行强化练习，加强词汇衔接的训练；课后则布置结构内容相似的完形填空题，加强学生对同类型语篇的整体感知。

基于语篇分析的高中英语完形填空讲评课设计应从传统的以词汇、语法为主的教学模式中解脱出来，在语篇解析和整体理解上下功夫，从而让学生用完整的思维体验英语语言的魅力，享受英语学科的学习。

参考文献：

［1］黄杏.语篇分析理论对高中完形填空Ⅱ解题能力培养的作用［D］.长沙：湖南大学，2013.

［2］肖选贤.浅析高考英语的完形填空题型［J］.龙岩学院学报，2006，24（z2）：26-27.

［3］孟丽丽.衔接理论在高考英语完形填空解读中的应用研究［D］.济南：山东师范大学，2016.

［4］乔蕊.基于语篇分析的高中英语阅读教学研究［D］.武汉：华中师范大学，2019.

高中数学新教材中数学文化渗透的剖析与教学建议

——以新人教A版高中数学教材的"二项分布及其数字特征"为例

柳州市柳江中学数学组　韦银松

一、研究问题的提出

数学文化包含数学的思想、精神、方法、观点、语言，以及它们的形成和发展。高中作为学习数学的重要阶段，在课堂中渗透数学文化更为重要。而在2021年秋季学期，广西启动了高考改革，规定使用新课程和新教材，高考大纲也明确提出将"数学文化"作为考查要求。在这个背景下，数学文化渗透进高中课堂应该引起各位高中教师的重视，但是现阶段许多人对数学文化的研究往往只针对理论方面，而且涉及的领域主要是大学专业课程，并没有针对在课堂上如何渗透数学文化提出合理及具体的方法和建议，使得高中教师想要在课堂上渗透数学文化时感到困难。基于以上背景及现状，笔者在学校组织的课题《新学情下数学文化在高中数学课堂的实践探究》的研究公开课中执教"二项分布及其数字特征"（第一课时），探究将数学文化渗透进数学新授课的方法，取得了不错的教学效果。

二、教学设计

笔者根据学校数学课题组研讨出来的课型模版，按照以下几个流程将数学文化渗透到课堂的每一个环节。

环节1：因文设景——新课导入环节。教师从数学文化方面选取一个角度，作为本节课的导入，旨在用数学文化为本节课创设情境，激发学生的学习兴趣。

环节2：借文明理——新知推导和介绍环节。教师在教学设计的过程中要深入挖掘本节课知识点中的数学文化内涵，借助这种数学文化内涵在推导知识点的过程中让学生体会数学精神以及数学的思想方法，并培养学生的数学思维和逻辑推理能力。

环节3：依文达思——例题分析、课堂练习和变式训练环节。教师通过例题的讲解以及让学生做课堂练习和变式训练，引导学生思考数学解题文化，感悟数学的思想方法，感悟数学的语言以及数学的美。

环节4：引文提升——课堂小结环节。教师主要通过课堂小结让学生了解本节课应该掌握的知识，提高学生的数学文化素养和核心素养。

环节5：利文拓展——布置作业环节。教师主要通过布置基础作业和数学文化拓展作业进一步引导学生发掘数学文化的价值，发现数学文化的魅力，提升自身的数学文化修养。

（一）教学内容分析

本节内容为新人教A版高中数学教材选择性必修三第七章第四节的第一课时的内容，在这之前学生曾经在新人教A版高中数学教材必修二第九章和第十章中学习了统计方面的基础知识，以及随机事件、相互独立事件、互斥事件、对立事件、古典概型和几何概型的相关知识。但是，这些知识只是在统计数据和计算相关事件的概率时用得比较多，这些先前学习的基础知识专注于一件事的概率分析。而本章所学知识在必修三的基础上增加了一系列概率模型的分析，在学习本节内容之前，学生通过本章第一节、第二节和第三节的学习，掌握了条件概率和全概率公式，并了解了离散型随机变量分布列的求法，能通过计算离散型随机变量的期望和方差，为生活中的一些实际问题做出决策。

有了之前内容的铺垫，本节课将学习二项分布及其数字特征。本节课主要通过生活中的具体试验来研究 n 重伯努利试验概率模型的性质，并通过这些性质推导出二项分布的性质，再通过二项分布的性质推导出二项分布的期望和方差的求法。通过本节课的学习，学生能清楚掌握当离散型随机变量的取值较多较大时，并且能用相应的频率代替概率时，就可以直接使用二项分布概率模型计算相应的概率、期望以及方差。这样学生就不用逐一计算和列举离散型随机变量的概率和分布列了，大大节省了时间，体现了数学的简洁美。此外，通过本节课的学习，学生能够判断现实生活中的具体试验是否满足二项分布，从而可以提高学生在现实生活中投资理财、判断概率大小和做出决策的能力，还可以提高学生观察和分析问题的能力。

本节课为学生学习本章后面的超几何分布和正态分布打下了基础，学生可以用类似的学习方法研究这两种概率模型，所以本节课的内容在本章内容中起到承上启下的作用，对学生的数学思维和思想有着极大的影响。本节课将重点研究二项分布的概念、分布列以及期望和方差的求法，设计研究这几个方面是为了培养学生对概率模型的研究能力，这样学生在之后学习超几何分布以及正态分布时才能熟悉此类研究套路。

（二）学情分析

通过对必修二和本章前面三节内容的学习，学生已经基本掌握了常见的古典概型和几何概型的概率的求法，基本上能通过计算和列举求出离散型随机变量的分布列和期望、方差。这些已经学过的知识为学生学习"二项分布及其数字特征"的内容提供了很多知识储备。

本班为普通班，通过平时的考试可以看出，学生的数学基础比较薄弱，大部分学生的分数集中在60分~80分左右，对于本节课的内容，他们可能会感到比较抽象，因为本节课需要学生具有从特殊到一般的数学归纳迁移能力。这个班的学生的数学学习主动性不强，数学计算能力较弱，因此本节课可从学生常见的事情出发，从简单的事情出发，通过小组合作探究、成果展示等教学手段，逐步引导学生归纳出本节课的要点，从而提高学生的数学素养。

（三）教学目标分析

（1）理解伯努利试验以及 n 重伯努利试验的概念，掌握随机变量服从二项分布的有关计算。

（2）能够解决随机变量服从二项分布的实际应用问题，会求服从二项分布的随机变量的均值和方差。

（3）借文明理，通过对二项分布及其数字特征的学习，学生不仅学到了相应的数学知识，还能通过课本上因文设景的数学历史名人的介绍，了解数学家和科学家们的奋斗史，从而提高对数学史的了解程度，鼓励学生不断克服困难、不断前进。

（4）依文达思，本节课研究概率模型的过程，可以让学生掌握把具体试验抽象成数学模型的能力，锻炼了学生的数学分析能力，培养了学生从数学角度看问题的思想。学习了计算二项分布的期望和方差后，学生能利用这种方法对现实中的试验进行计算、比较并作出正确决策，培养了学生的数学分析能力以及结合数学对生活中的事情做出决策的能力。

（5）利文拓展，培养学生掌握研究数学问题的基本思想，从特殊到一般，定量和定性分析并计算，最终得出结论，激发学生学习数学和研究数学的兴趣，让学生感受到数学的美以及数学在现实生活中的利用价值，从而给予学生深入学习数学的动力，进而提高学生的数学素养。

（四）教学重难点

重点：掌握 n 重伯努利试验模型、二项分布模型，并用它们解决一些简单的实际问题。

难点：利用二项分布模型解决实际问题。

（五）教学策略选择与设计

教师创设情境启发、引导，学生自主探究、思考、讨论、交流学习成果。

新课程注重学生的主动学习，发挥学生的主体作用，因此本课在教学的设计上将充分发挥学生的主观能动性，并与实践相结合，通过学生自己的探索以及教师的引导，使学生的探究一步步走向深入，使学生从中体会到探究的乐趣、知识的魅力、应用的价值，开阔学生的视野，锻炼学生的思维。

（六）教学过程

1. 因文设景

教师：同学们，开始上课，请大家回忆一下两点分布和二项式定理的通项公式。

学生1：两点分布的随机变量取值为0和1，对应的概率为P和$1-P$，二项式定理的通项公式为$T_{k+1}=C_n^k a^{n-k}b^k$。

学生能正确回忆知识点，教师表扬并展示PPT中的"回顾旧知"，再加以复述。接着教师提问。

教师：请同学们观察下面的例子，它们有什么共同的特点？

例1：

（1）检验一件产品，结果为合格或不合格。

（2）飞碟射击时，中靶或脱靶。

（3）医学检验，结果为阳性或阴性。

（4）掷硬币试验，结果为正面向上或反面向上。

（5）接生一个婴儿，婴儿为男孩或女孩。

（学生阅读题目并思考，教师选择学生回答问题）

学生2：老师，以上这几个例子都只包含两种可能的结果。

学生回答正确，教师给予表扬并复述学生的结果。

教师追问：那这种只包含两种结果的事件叫作什么呀？

全体学生异口同声地回答：伯努利试验！

教师表扬学生们回答正确，用PPT展示并加以介绍数学家伯努利的生平事迹：

雅科布·伯努利（Jakob Bernoulli，1654—1705），伯努利家族代表人物之一，瑞士数学家，变分法的创始人之一，公认的概率论的先驱之一。他是最早使用"积分"这个术语的人，也是较早使用极坐标系的数学家之一，他还较早阐明了随着试验次数的增加，频率稳定在概率附近。他还研究了悬链线，确定了等时曲线的方程。概率论中的伯努利试验与大数定理也是他提出来的。

设计意图：通过回顾已学知识和具体的问题情境，引发学生思考和积极参与互动，说出自己的见解，从而引入n重伯努利试验的概念，发展学生的逻辑推理、数学运算、数学抽象和数学建模的核心素养。用数学文化中的历史名人雅科布·伯努利引入伯努利试验，让学生不仅能学到数学知识，还能了解相关的数学史知识，既突出了数学研究中从特殊到一般的研究方法，又在思想上使学生受到历史名人进取精神的鼓舞！

2. 借文明理

教师：同学们，大家刚刚看到了一位励志的数学家的生平，大家要向他学习哟！那伯努利试验的定义是什么呀？

学生3：我们把只包含两个可能结果的试验叫作伯努利试验。

学生回答正确，教师给予表扬，并通过展示PPT补充n重伯努利试验的概念及共同特征。

在n重伯努利试验中，"独立地进行"等价于各次试验的结果不会受其他试验的影响，即$P(A_1A_2\cdots A_n)=P(A_1)P(A_2)\cdots P(A_n)$，其中$A_i$（$i=1$，2，3$\cdots n$）是第i次试验的结果。"重复进行"意味着各次试验成功的概率相同。因此，n重伯努利试验具有如下共同特征：①同一个伯努利试验重复做n次；②各次试验的结果相互独立。

设计意图：利用现实生活中常见的简单的事情，引导学生通过数学研究方法中常见的从特殊到一般、逻辑推理和数学建模的思想，让学生总结归纳出n重伯努利试验和二项分布的概念。借助数学文化中的数学史知识让学生自己感受一遍通过数学研究常用的从一般到特殊和归纳推理的数学思想得到相关知识点的概念的过程，培养学生的数学研究能力和数学建模、逻辑推理的核心素养。

3. 依文达思

教师：请同学们分析下面的实验并思考相关问题。

例2：

（1）抛掷一枚质地均匀的硬币10次。

（2）某飞碟运动员每次射击中靶的概率是0.8，连续射击3次。

（3）一批产品的次品率是0.05，有放回地随机抽取20件。

问题1：上面3个随机试验是否为n重伯努利试验？

问题2：如果是，那么其中的伯努利试验是什么？

问题3：对于每个试验，定义"成功"的事件为A，那么A的概率是多大？

问题4：重复试验的次数是多少？

教师抽签选择学生回答，学生4：

解：可列表回答此问题。

表1　例2列表

随机试验	是否为n重伯努利试验	伯努利试验	$P(A)$	重复试验次数
（1）	是	抛掷一枚均匀的硬币	0.5	10
（2）	是	某飞碟运动员进行射击	0.8	3
（3）	是	从一批产品中随机抽取一件	0.05	20

教师：刚才那位同学回答得十分出色，请同学们再看一道课堂练习题，判断以下例子是否为n重伯努利试验。你能看出什么规律？

练习1：

（1）坛子中放有3个白球、2个黑球，先摸一个球，观察其颜色后放回坛子，接着再摸第二次，这种摸球方式叫作有放回摸球。现在摸了两次球，两次均为白球。

（2）坛子中放有3个白球、2个黑球，从中进行不放回摸球。现在摸了两次球，两次均为白球。

（3）依次投掷四枚质地不同的硬币。

（学生思考，同桌交流）

学生5：（1）是n重伯努利试验，（2）（3）不是，因为每次试验的条件不同。我得到的规律是：n重伯努利试验的原型是有放回地摸球试验。

教师表扬学生5的回答，并进行总结。在伯努利试验中，我们关注某个事件H是否发生，而在n重伯努利试验中，我们关注事件H发生的次数X。因为X是一个离散型随机变量，所以我们实际关心的是它的概率分布列。例如，对产品进行抽样检验，随机抽取n件，我们关心样本中不合格样品数的概率分布列。

例3：某飞碟运动员每次射击中靶的概率为0.8，连续3次射击，中靶次数X的概率分布列是怎样的？

（学生思考，小组交流）

学生6：可画树状图表示出所有可能的结果。

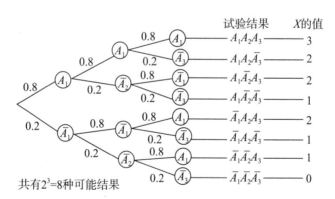

共有$2^3=8$种可能结果

图1 某个事件发生的概率树状图

根据结果计算得：

$P(X=0)=C_3^0 0.8^0 0.2^3$

$P(X=1)=C_3^1 0.8^1 0.2^2$

$P(X=2)=C_3^2 0.8^2 0.2^1$

$P(X=3)=C_3^3 0.8^3 0.2^0$

教师追问：

变式1：（小组讨论）如果连续射击4次，类比上面的分析，表示中靶次数X等于2的结果有哪些？写出中靶次数X的分布列。

（学生思考，小组继续讨论）

学生7：可能的结果为$A_1A_2\vec{A_3}\vec{A_4}$、$A_1\vec{A_2}A_3\vec{A_4}$、$A_1\vec{A_2}\vec{A_3}A_4$、$\vec{A_1}A_2A_3\vec{A_4}$、$\vec{A_1}A_2\vec{A_3}A_4$、$\vec{A_1}\vec{A_2}A_3A_4$，共六个，中靶次数X的分布列为：$P(X=k)=C_4^k$ $(0.8)^k\times(0.2)^{4-k}$，$k=0$，1，2，3，4。

小结：在n重伯努利试验中，设每次试验中事件A发生的概率为P $(0<P<1)$，用X表示事件A发生的次数，则X的分布列为$P(X=k)=C_n^k\,p^k$ $(1-p)^{n-k}$，$k=0$，1，2…n，如果随机变量X的分布具有上式的形式，则称随机变量X服从二项分布，记作$X\sim B(n,p)$。

而二项分布的概率公式与二项式定理的通项公式有着密切的联系：

$$\sum_{k=0}^{n}P(X=k)=\sum_{k=0}^{n}C_n^k\,pk(1-p)^{n-k}=[p+(1-p)]^n=1。$$

练习2：将一枚质地均匀的硬币重复抛掷10次，求：

（1）恰好出现5次正面朝上的概率；

（2）正面朝上出现的频率在（0.4，0.6）内的概率。

（学生思考，老师选择学生上台展示解答过程并讲解）

学生8：

解：（1）设$A=$"正面朝上"，则$P(A)=0.5$。用X表示事件A发生的次数，则$X\sim B(10,0.5)$，$P(X=5)=C_{10}^5\times0.5^{10}=\dfrac{252}{1024}=\dfrac{63}{256}$；

（2）$P(4\leq X\leq6)=C_{10}^4\times0.5^{10}+C_{10}^5\times0.5^{10}+C_{10}^6\times0.5^{10}=\dfrac{672}{1024}=\dfrac{21}{32}$。

变式2：俗话说，三个臭皮匠，顶一个诸葛亮。已知诸葛亮解出问题的概率为0.9，三个臭皮匠独立解出问题的概率都为0.6，臭皮匠中有一人解出题目即胜出比赛，问臭皮匠团队和诸葛亮哪个胜出的可能性大？

（学生独立完成，教师点名抽查并投影学生所写的过程）

学生9：

解：设皮匠中解出题目的人数为X，则$X\sim B(3, 0.6)$，$P(X\geqslant 1)=P(X=1)$

$+P(X=2)+P(X=3)=C_3^1\times 0.6^1\times 0.4^2+C_3^2\times 0.6^2\times 0.4^1+C_3^3\times 0.6^3\times 0.4^0\approx 0.936$或

$1-0.4^3=0.936$，所以臭皮匠团队胜出的可能性大。

教师介绍科学家高尔顿的生平事迹：

弗朗西斯·高尔顿（Francis Galton，1822—1911），英国科学家和探险家。他曾到西南非洲探险，因树立功绩而知名并被选为英国皇家地理学会会员，三年后又入选英国皇家学会，晚年受封为爵士。他的学术研究范围广泛，包括遗传学、统计学、地理、数学、力学、气象学、心理学等方面。他是查尔斯·达尔文的表弟，深受其进化论思想的影响，并把该思想引入到人类研究中。他着重研究个别差异，从遗传的角度研究个别差异形成的原因，开创了优生学。他关于人类官能的研究开辟了个体心理和心理测验研究的新途径。

例4：图2是一块高尔顿板的示意图。在一块木板上钉着若干排相互平行但相互错开的圆柱形小木钉，小木钉之间留有适当的空隙作为通道，前面挡有一块玻璃。将小球从顶端放入，小球下落的过程中，每次碰到小木钉后都等可能地向左或向右落下，最后落入底部的格子中。格子从左到右分别编号为0，1，2…10，用X表示小球最后落入格子的号码，求X的分布列。

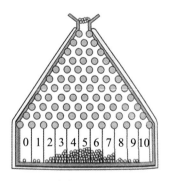

图2　一块高尔顿板的示意图

（学生思考，小组讨论，教师选择优秀的解答过程进行投影展示）

学生10：

解：设A="向右下落"，则$\overline{A}$="向左下落"，且P（A）=P（$\overline{A}$）=0.5。因为小球最后落入格子的号码X等于事件A发生的次数，而小球在下落的过程中共碰撞小木钉10次，所以X～B（10，0.5）。于是，X的分布列为P（X=k）=C_{10}^{k}0.5^{10}，k=0，1，2…10，X的概率分布图如图3所示。

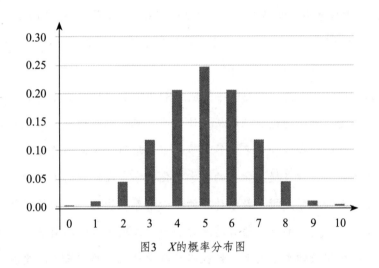

图3 X的概率分布图

教师追问：

例5：假设随机变量X服从二项分布B（n，p），那么X的均值和方差是什么？

（学生思考，小组讨论，教师选择优秀的解答过程进行展示）

学生11：

解：（1）当n=1时，X服从两点分布，分布列为P（X=0）=1-p，P（X=1）=p，均值和方差分别为E（X）=p，D（X）=p（1-p）。

（2）当n=2时，X的分布列为P（X=0）=（1-p）^{2}，P（X=1）=2p（1-p），P（X=2）=p，均值和方差分别为E（X）=2p，D（X）=2p（1-p）。

一般地，如果X～B（n，p），那么E（X）=np，D（X）=np（1-p）。

练习3：一次数学测验由25道选择题构成，每道选择题有4个选项，其中有且仅有一个选项是正确的。每道题选择正确得4分，不作出选择或选错不得分，满分为100分。某学生选对任一题的概率均为0.6，求此学生在这一次测验中的成绩的数学期望和方差。

（学生独立思考，教师选择优秀的解答过程进行投影展示）

学生12：

解：设该学生在这次数学测验中选对答案的题目的个数为ξ，所得的分数为η。由题意知，$\eta=4\xi$，且$\xi \sim B（25，0.6）$，则$E（\xi）=25 \times 0.6=15$，$D（\xi）=25 \times 0.6 \times（1-0.6）=6$，故$E（\eta）=E（4\xi）=4E（\xi）=60$，$D（\eta）=D（4\xi）=4^2 \times D（\xi）=96$。

所以，该学生在这一次测验中的成绩的数学期望与方差分别是60和96。

设计意图：教师通过典例解析，使学生在具体问题情境中深化对二项分布的理解。在小组合作和点名回答环节，重在培养学生的合作探究能力和数学语言描述能力，旨在提高学生的数学文化。学生在解题的过程中锻炼了自己的数学抽象和数学建模、数学计算的核心素养和能力，在回答问题的过程中锻炼了自己用简洁的数学语言总结的能力，体现了数学的简洁美。在例题和变式训练中用数学史中的高尔顿板以及数学文化中的"三个臭皮匠，顶一个诸葛亮"的俗语加深学生对数学史的了解，拓展学生的数学史知识面。

4. 引文提升——归纳总结

（教师提问，学生齐声回答）

（1）二项分布的定义：

学生齐声回答。

（2）确定一个二项分布模型的步骤：

① 明确伯努利试验及事件A的意义，确定事件A发生的概率p。

② 确定重复试验的次数n，并判断各次试验的独立性。

③ 设X为n次独立重复试验中事件A发生的次数，则$X \sim B（n，p）$。

（3）一般地，如果$X \sim B（n，p）$，那么$E（X）=np$，$D（X）=np（1-p）$。

设计意图：通过提问学生本节课所学内容，让学生齐声回答，培养学生总结归纳的能力。在本环节归纳本节课涉及的数学史、数学思想等内容，进一步提升学生的数学文化修养。

5. 利文拓展

（1）基础作业。作业：课本第76页练习1、2、3题。

（2）拓展作业。通过查阅资料撰写一份有关二项分布及其数字特征的数学文化研究报告，归纳总结研究二项分布及其数字特征需要的数学思想方法。

设计意图： 基础作业重在培养学生的应试能力；拓展作业从本节课的内容出发，挖掘数学文化的价值，进一步拓展学生的数学文化品质，使学生欣赏数学文化的魅力。

三、教学反思

基于课堂的观察发现，如果按以上教学设计思路精心设计数学文化的渗透内容，学生是非常有兴趣进行学习的。通过数学文化的引导，学生掌握了伯努利试验的概念及二项分布的概念，例题和习题的巩固加深了学生对概念和基本题型的解题能力，例题和习题设置紧贴实际，符合数学文化中"数学与生活紧密相关"的前提。但是在教学过程中，发现了设计的内容有些多、时间过紧的问题，没考虑到学生的基础水平和接受能力。课前应提前安排学生进行预习。

本节课主要在上课过程中培养学生的数学抽象、数学运算、数学建模和逻辑推理的核心素养。在数学文化方面，主要通过相应的数学史渗透本节课，让学生拓展自己的知识面，了解历史上的伟人通过不断努力才取得相应的成就，激发学生学习数学的斗志。将数学与现实的例子相结合，渗透数学文化，让学生体会到数学其实与我们的生活紧密相关。在研究本节课内容的过程中还不断渗透数学的研究思想——归纳推理思想、建模思想，旨在提高学生的数学核心素养和数学文化水平。

通过本节课的设计以及亲自按设计上课，给出高中教师在数学课堂上渗透数学文化的几点建议：

第一，按照大单元教学理念，教师应提前备课，并且按照高考专题的方式进行备课，提前掌握与本节课有关的数学思想、核心素养、数学精神、数学方法、数学观点、数学语言等，这样才能在课程设计中向学生渗透数学文化中的思想观点，提高学生的数学文化修养。

第二，教师应重视对教材中与数学文化有关的材料的利用，如名人、历史典故、数学中与生活联系的题目等，该拓展相关的数学文化知识就应拓展，以便培养学生对数学文化的兴趣以及拓宽学生的数学文化知识面。

第三，教师不仅要布置与应试有关的作业，还应重视与数学文化有关的拓展作业。学生完成拓展作业可以加深他们对数学文化的理解，提升他们的数学文化品质。

第四，教师进行每堂课的教学设计时，可以按照以上"因文设景，借文明理，依文达思，引文提升，利文拓展"的环节进行设计，并提炼出每个环节的数学文化，这样才能明确上课过程中通过某个环节可以提升学生哪方面的数学文化素养。